穿越逆境的20個面對
打不破的玻璃心

台灣第一位重度視障諮商心理師
朱芯儀——著

推薦序／

用生命感動生命的天使

接到芯儀的電話說她要出書了，問我能不能幫她寫序，除了恭喜並立刻答應，因為我也急著要知道她怎麼活得這麼精彩。

二十多年前的畫面卻記憶猶新，一個白皙清秀看來有點瘦小的女孩，休學中，有問必答，口齒清晰，條理分明，心想是個資優生吧？果然她說在學校是個叱吒風雲的人物，學業、才藝、科展樣樣都優異，是同學眼中的超級明星，因為腦瘤視力、耳朵跟行動能力都受影響了，但她很想回學校。當下我告訴她要學習新的閱讀方法—摸點字，另外要學習安全走路的方法—定向行動，很辛苦喔！只見她毫無猶豫的點頭，就這樣展開重建學習之路。

學習期間指導老師都讚美她聰明、記憶好、專注、挫折忍受力佳、樂觀、能接受挑戰、表達能力好、有解決問題的能力、很有禮貌……，好評不斷，因此建議她回到競爭激烈的一般高中，以激發她更多的潛能，當時她有點抗拒，但今天看來，當時的建議是對的。

退休後我到台灣盲人重建院工作，發現許多中途失明的朋友最難闖過的關卡就是接受失明的事實，於是我想起台灣第一位視障心理諮商師——朱芯儀，就請她來分享一路走過的心路歷程，並帶領成長團體。課後有不少學員告訴我因為芯儀老師的影響所以轉念，開始接受重建課程，努力活出新的人生。

多麼令人感動啊！不僅自己活得精采，更用生命感動生命！

芯儀從面對殘缺、面對失落、面對自卑、面對失業、面對金錢及死亡分享她的心境及處理方法，閱讀之後覺得這本書應該愈早出版愈好，因為可以提供中途致障的朋友及家屬很好的參考，也能讓社會大眾認識並了解障礙者的困難和限制，透過友善環境的建構，他們一樣能貢獻社會，活出精采人生。

最後我要向芯儀致謝，讓我有「慧眼識英雄」的成就感，更願本書的問世讓更多人受惠。

前台北市立啟明學校校長
現任台灣盲人重建院院長　張自

推薦序／上天之仁

才放下捷克作家赫拉巴爾（Bohumil Hrabal）的《過於喧囂的孤獨》，就收到出版社寄來芯儀的付梓稿。藉著週末假期，一口氣讀完了這本行雲流水的大作。靜下心來寫這篇序，在她的敘事與我的腦海之間穿梭遞迴的，是赫拉巴爾書中往復出現的核心概念：天道不仁慈，天道不仁慈……。

對十五歲以前的芯儀來說，天道是仁慈的。但是，從診斷出是腦瘤的那一刻，老天爺的仁心送來的是「鋪天蓋地的黑暗」：術後的視障、耳聾、肢體不協調，乃至於帶著身心創傷，一路從求學、謀職、就業、到結婚，面對的是一關又一關的設限、挑戰與淬鍊。

近代生涯混沌理論提出了一個論述：「混沌邊緣」(edge of chaos)。在我們生涯發展的過程中，穩定中充滿了變化，必然中處處是偶然；不同發展階段的秩序(order)與失序(disorder)之間，存在著一種特殊的黑色邊緣狀態。「邊緣」的處境是四顧茫然，不著兩邊；雖生猶死，死後復生。混沌邊緣對芯儀來說，外在的嘲笑、揶揄、拒絕、質疑是家常便飯，內在的恐懼、失望、自卑、懷疑更是不絕如縷。

芯儀的敘事，讓我們看到了混沌邊緣的造化弄人，是如何的玄妙。混沌邊緣指向的失序與限制，也帶來了謙虛、謹慎、柔軟、毅力、達觀與勇氣。美國加州大學洛杉磯分校，塞梅爾神經科學與人類行為研究所的精神病學教授比爾德（Robert M. Bilder）博士指出：「真正創造性的突變和戲劇性的轉變，發生在混沌邊緣。」

或許，這不幸之美，正是上天之仁。我們不也看到這幾年來芯儀的努力得到接二連三的肯定：復興高中傑出校友獎、十大傑出青年獎、傑出心理師獎、身心障礙楷模金鷹獎等等。然而，《過於喧囂的孤獨》引用了猶太教法典中的金句：「我們猶如橄欖，惟有被粉碎時，才能釋放出我們的精華。」被粉碎是簡簡單單的三個字，可是這個碾壓絞碎的過程，點點滴滴滲透到靈魂的深處，那孤獨的況味，宛如宇宙的黑洞，無聲無息。真正的孤獨，在芯儀字裡行間所能描述的，尚不及一二；而玄之又玄的是，在喧囂之前、喧囂之中、喧囂之後的孤獨，在廣大無邊的幽黯中，靜置、沈澱、淨化、轉化，才有機會慢慢的釋放出潤物的精華。

這樣看來，對上天來說，「天地不仁，以萬物為芻狗」，其實是仁慈不仁，不仁而仁，其真意是一視同仁。天道的仁慈與否，在於我們對生命起伏跌宕的解讀與詮釋。芯儀穿越的黑洞經驗，她的遭遇與處境，她的認真與豁達，她的感受與轉化，在一個又一個故事裡娓娓道來，不僅僅是令人動容，其間所傳達出來的天經地華，尤其值得吾人深思。

台灣師大名譽教授　金樹人

推薦序／

面對自己，你手上的牌就會變王牌

自從跟著九宮宗師程天相學習九宮學理之後，九宮學理就一直是我做人處事的信仰，也是我畢生極力推廣九宮幫助更多人的心願。

同為助人者，芯儀曾經問我，是否曾有：被背叛、被刺傷或被人佔便宜的經驗？又是什麼讓我能一直堅持付出的熱忱？

因為我深深相信宇宙運行的道理：「真付出就真得到，假付出就假得到，捨不得付出就終究不會得到。」，能不能得到只是水道渠成、自然而然的結果，但是願不願意面對自己最深的心靈，才是一切的根源。

十年前，因緣際會下，芯儀請我整脊以改善腦瘤後的頸椎，那時的她，心裡有著許多對未來的焦慮與惶恐；曾經，我也是個面對人群會怯場、不知道人生目標在哪裡、總會抱怨懷才不遇的人，但是，就是「面對自己」讓我重獲新生，也找到了我人生的使命；而芯儀，正如當年的我，看到她想要逃避，但卻也勇敢用「面對」邁開了步伐，成為了十大傑出青年，獲得許多獎項的肯定，我感到甚為欣慰。

九宮學理常說：「無能的人要自尊，失敗的人愛面子。」面對自己的身心靈是每一個人都永不會停止的修練，能從別人的生命經驗中學習，而不用付出親身走過的代價，這樣的人是最有智慧的。我很開心芯儀願意把面對內心的歷程寫成書，願你打開細細咀嚼每一個用生命刻下的文字，讓這本書成為面對自己的一扇窗，相信會少走很多向外找尋的冤枉路，避免許多無謂的痛苦、抗拒和掙扎，引導你找到人生真正的成功。

不管你覺得自己手上的是好牌還是爛牌，既然老天給了你這副牌，面對自己，它就會變成王牌。

九宮學理研究推廣協會 會長 匡志忠

推薦序／

與「面對自己」相遇

與芯儀的相遇非常美好！偶然在報紙看到一篇關於她的報導，內容大致是講述芯儀如何走過全盲的殘缺，熬成第一位取得海峽兩岸證照的重度視障諮商心理師的心路歷程！我迫不及待請電台節目企製約訪芯儀，我相信她不簡單的人生故事肯定會感動並且影響著許許多多的朋友！我要坦誠的表白，與芯儀見面的那刻開始，我便被她的幽默樂觀、慧詰聰穎所深深吸引！更遑論理解了芯儀如何面對自己從一位文武雙全的資優生跌落至深谷，再從傷痕累累的黑暗恐懼中勇於面對自己的非凡勇氣！感動我的還包括她如何披荊斬棘衝破鋪天蓋地的挫折與考驗，成為心所嚮往的一位優秀諮商心理師之路，每一段故事都是如此的血淋淋且鮮活的映入眼前。

我常常跟芯儀聊著聊著就忘記她是位帶著重度視障、右耳全聾、右邊肢體不協調的身障者，我反倒覺得她似乎有雙透視眼，一眼看穿我們這些明眼人也都有著想掩蓋的不完美，芯儀的生命故事似乎也引領我們要如實面對自己的軟弱與害怕，才能連結與他人的美好關係進而豐足內在需要被修補的心！

《打不破的玻璃芯　穿越逆境的20個面對》是芯儀的第一本書，在閱讀的過程中，我彷彿也走了一趟察覺自己內在悲喜憂傷樂的好長一段路途，這就是芯儀能帶給別人的正向力量！也因著芯儀給我的鼓舞與啟發，我也邀請她擔任廣播節目《POP最正點》特別企畫《愛呀！好正點》單元的Guest DJ，透過她的諮商心理師的專業背景及走過生命幽谷的感同身受，讓節目來賓與聽眾得到一次又一次與自己對話的洗禮，很謝謝芯儀與我們一起完成了這個美好的企畫，也謝謝許多聽眾朋友給了許多正面回饋！

如果你也跟我一樣幸運的閱讀了芯儀的這本真摯著作，那表示我們就有機會與「面對自己」相遇！表示我們即將擁有一顆向內看的心，我們即將完完整整的接納自己的不足與限制，然後，轉身擁抱自己的好與不好！

祝福每一位朋友！

POP Radio台長／主持人　林書煒

自序／失明後我才看見

這不是一本生命故事書，或是人生勵志書，而是一本專為想邁向更幸福美好的您而寫的書。

成為台灣第一位重度視障心理師的這十年來，聽了許多別人的故事，也細細地反思了自己的生命，人們都想離苦得樂，但為什麼陷於反反覆覆的矛盾、逃不開的無力、愈陷愈深的掙扎？在認識了以宇宙科學的觀點來詮釋人生的九宮學理後，這些提問被沉澱的更為清晰，九宮認為，我們每個人的心就是這宇宙的恆星，就像太陽系中的太陽，只有恆星發光發熱，才有足夠的引力能帶動如同行星、衛星一般的人際、感情、生涯，繞著我們順利運轉。所以當宇宙偏離秩序，只忙著打贏外在戰爭是沒有用的，更核心的是，這些困境勾起了我們內心還未被碰觸、處理和安頓的課題，勇於面對自己才是重整出發、獲得幸福的真正鑰匙。

曾經，我也想逃避，15歲之前我用閃亮的學業和才藝，貪婪的享受著鎂光燈下的假象，逃避那內心面對家庭的恐慌、人際的孤單和對自己的茫然；直到失明的那刻，因為想要活下來，而且要活得好，才被迫看見血流如注的傷口，從覺察、領悟到如實的面對自己，才發現，真正的殘缺不在表面，而是內心，這也是我想要成為心理師的初衷；而今，我成為了一位陪伴無數心靈的助人者，更不能逃避，因為我希望自己，不只是個用專業技術治療當事人的心理師，而是一位用生命感動生命，親身活出心理學意義的修練者。

在本書中，我將會為你敞開一則則難以面對的曾經，當你看著我哭過、笑過、逃避過、膽怯過，但穿越了苦痛，擁抱更真實而自在的自己，每篇課題最末的芯言心語是特別為您淬鍊的精華，我相信，您體會的，將是用「面對」來更完整自己。

【第一章　我與傷】：15歲時的腦瘤意外，帶著重度視障、右耳全聾、右邊肢體不諧調的障礙，我一層層剝開內心的創傷，從面對殘缺、失去、恐懼、失衡，回到願意開始面對，而不是逃避的最初。

【第二章　我與人】：阿德勒說：「所有的問題都是關係的問題。」從面對示弱、自卑，到感情裡面尤其是面對差異、分離和承諾；關係就像一面鏡子，映照著更深的自己。

【第三章　我與涯】：在還未有視障者成為心理師的年代裡，如何面對自我設限、失落、拒絕、質疑，以及失業的危機，從一波波的挫折打擊中修復，再一次次的挺進。

【第四章　我與夢】：這是串起過去、現在到未來的一章，從我成為助人者後如何面對無力、自我否定、金錢觀和自以為是的安逸，最後面對那會勾起我最深無助的死亡。

感謝守谷香的引薦，牽起了這一連串不可思議的緣份；感謝淑貞社長和珮縈給予如此高規格的待遇，訪談室裡的真心交會，使龜毛的我開始敢於下筆；謝謝小幫手們為我分擔許多工作，尤其是認真盡責的怡霖，細心把關每一篇的品質，鼓勵我不停歇的繼續向前進；感謝我的四位推薦者，您們都是我生命轉折處好重要的貴人，您們的啟發對我深具意義；感謝曾經在我的生命中留下足跡的每一個人，不管那時是傷、是痛，還是苦，那都是成全我成為現在自己的珍貴滋養。

從痛罵自己幹嘛找死，想蹤又不想碰的逃避；後來眼看頭和手都已經出來，更希望快點用力催生；到現在，最後一哩路了，我又再一次經歷了「面對」的歷練，有捨不得、有感動、有珍惜，更有深深的驕傲，這是我送給自己成為心理師10週年的紀念，也是40歲的生日禮物，我就是超愛，以此心情與您分享我的寶貝。

衷心祝福每一顆願意向內看的心，如蒲公英般溫暖、柔軟的飄向生命的每個角落。

目錄

Part 2 我與人

連結不只是與人或人際關係連結，不只是與大自然萬物連結，連結也包括跟自己連結。學習與外在連結的平衡，與內在連結的能力。

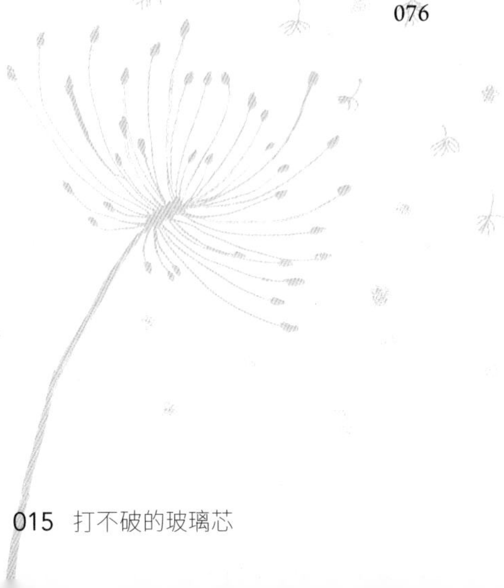

目錄

Part 3

我與涯

專注於自己的路途，面對生命風暴時，堅毅地持續的成長，堅持持續向著成為想要的自己前進，走在獨一無二的旅程。

Part 4

我與夢

舊有的脫落，會看見新芽的發生，會看見力量一點一點的茁壯，會看見智慧一點一點的熟成，然後繼續帶著各種希望與夢想迎向未來的旅程。

Part 1

我與傷

允許自己釋放不甘願與委屈哭泣，因為允許，所有卡住的痛苦可以被看見並流動。那些傷痕終將成為滋養生命中的養份，綻放為生命的力量之花。

019 打不破的玻璃芯

Lesson
1-1

面對殘缺 心裡的白手杖

最大的殘缺在哪裡？不是肉體，而是內心。要走出來，很簡單，就是認輸、臣服、敞開，請勇敢拿起心裡的白手杖吧！

隨口說出的事實

15歲時的一場腦瘤意外，使人生勝利組的腳本重重粉碎；17歲，帶著右眼全盲、左眼僅見光和大色塊、右耳全聾、右邊肢體不靈活，進入了全校都是明眼，只有我是視障的台北市立松山高中。

大家總對我說：「上帝為你關了一道門，必定為你開一扇窗。」雖然現在深切體悟這是真的，但那時總覺是風涼話，心想：「懂什麼，那把你們的門關上啊！為什麼要關上我的呢？」他們也說：「在松山高中多好，有這麼多明眼同學可以幫你啊！」但我卻一點都不覺得幸福，相反的，與他們相較，我顯得更自卑、更軟弱無力、更討厭我自己。

高中才開學，班導跟著全班同學介紹我這位需要大家發揮同學愛的視障生，全班都乖巧的說好，但是，一晃眼就下課了，沒有一個人來接近我，我自我安慰道：也許他們忙著跟別人建立關係都來不及吧！誰又有空理我呢？

這時，我注意到教室一角有許多模糊的人影，聽到傳來他們交頭接耳的窸窣聲，我快速的轉念：「朱芯儀，你要別人幫你，你也要主動伸出友誼的手啊！」於是，我鼓起最大的勇氣，朝著聲音的方向走過去。我拍拍一位同學的肩膀，盡可能用最活潑輕鬆的語調說：「同學，你們在幹什麼啊？我也想參加！」

同學回過頭來看了是我，也一派輕鬆，笑笑的回應：「哦！是朱芯儀哦！我們在看漫畫啦！沒關係，你又看不到，你回去坐好！」

立刻，我的眼淚像關不住的水龍頭，大顆大顆的滴落，我一點都不想在別人面前示弱，但卻完全控制不住自己，同學說的每一個字都如同利刃般，劃破我原本就脆弱、不堪一擊的心。看著倉皇失措，不知道到底發生什麼的他們，我知道，善良的同學完全沒有惡意，不是刻意想傷害我，不是故意想排擠我，而且他說的就是有如刻在鐵板上的事實，但是我就是沒辦法接受，老天！你為什麼要這樣對我？

紗布無法掩蓋血流不止的傷口

高一上學期，類似的狀況頻頻發生，一心一意想武裝的盡量正常，我不說自己是視障、不用手杖、不去求助，但每當注意到同學們身手矯健地抓取某樣東西、上課快速的抄筆記、看著電視中演員的表情或動作而哈哈大笑，心裡都好痛好痛，以前那些事都可以輕而易舉，為什麼現在都辦不到了！我不停的加大、加密、加厚敷在心上的傷口，但怎麼一點用也沒有，不論注意到、感覺到、聽到、想到自己和別人、和以前的不同，鮮血還是噴湧而出，這些不斷上演的一幕幕都不停地提醒著，我真的看不見了！

其中，最讓我難以接受的，就是必須要拿著一根不用說，別人就知道我是視障的白手杖。

魔鬼訓練

說是讓我就近上高中，爸爸把家搬到了人來人往，又鄰近捷運的東區，這裡交通方便、生活機能好，應該是能得到比較好的照顧吧！但原來，我又太天真了！

為了訓練我自行搭捷運上學，爸爸一開始只要我勾著他就好，認識路上和捷運裡的環境。接下來，他要我把折疊的手杖握在手上，不用打開，我的心裡覺得很自在，因為不撐開，別人當然就不會知道這是手杖，也不會知道我是盲人囉！過了一陣子，他要我把折疊的手杖撐直，拎著就像身上其他的裝飾品一樣，還是一樣勾著他往前走，那時我的心裡開始有點毛毛的，別人會不會看我？別人會不會知道我就是盲人啊！

有一天，他說：「走得很好，妳都熟悉環境囉！那妳現在用手杖自己走，不要怕，爸爸就在旁邊，跟妳一起走！」天啊！這是什麼感覺？但仗著身旁有爸爸，一路假裝說說笑笑，不讓自己有絲毫的機會感受這種異樣的波動，時間也就一咬牙就過去了！

不久後，爸爸又出奇招，他說：「妳現在走得很好，路線、方向、路況都了解了，現在爸爸退後一步跟著妳，一有問題回過頭，爸爸就在後面，不要怕！」然後，溫水煮青蛙的過程就這麼悄悄來臨，從退後距離我一步、兩步、三步、五步，爸爸默默在身後守護，如果有任何需要，我一轉身呼喚，他就像從天而降的精靈出現在身邊。但是，最後那一天終於來臨，爸爸說：「我確定妳都會了，我很放心，妳自己去上學吧！」。

此時，我才恍然大悟，痛罵爸爸的居心不良，因為住在這裡，我根本寸步難行。我硬著頭皮使用手杖敲擊路面，把身體縮到最小，腳步盡量加快，想像著別人會以什麼樣憐憫、同情、可憐的眼神看我，巴不得有個地洞躲起來，或是乾脆變成隱形人，拜託老天趕快讓我鑽進學校。

藏在殘忍背後的是怎樣的愛？

終於只差一條馬路就可以進入校門，在車水馬龍的斑馬線上，我不知被什麼絆倒，重重的摔跤了。我又羞又氣，可是沒人來幫我，逞強的我咬住嘴唇，用力以手杖撐起自己，裝作沒事發生一樣的走進了學校。

找到教室，摸到座位，一屁股坐在位子上，鬆懈下來的心再也忍不住了，眼淚靜靜淌出。有位活潑的同學大聲跟我道早安，並問我為什麼那麼早來？我慌忙止住淚水說：「因為早一點，捷運人比較少！」但他之後卻哪壺不開提哪壺，堅持一定是我爸爸帶我來的。他的堅持逼得我又再度想起自己的不堪，羞憤交加的心情再也忍不住，大聲吼：「我爸爸他再也不會陪我了，以後都是我自己一個人了！」

同學接下來的話是這麼出乎意料，他說：「是嗎？可是我剛才在校門口看到他啊！」什麼？原來爸爸一路上都在背後跟著我嗎？怎麼會有這樣的爸爸，看到我跌倒不會來幫一下嗎？心中的怒火又燃燒的更為猛烈。

我想跑去校門口找他理論，可是我知道一定來不及了，所以我跑去那時最好的朋友——輔導室那兒，跟所有的輔導老師大聲控訴：怎麼會有一個那麼殺千刀、沒良心、殘忍又狠心的爸爸，看著女兒在馬路上跌倒了，卻一點忙也不幫！

輔導老師們一句話也沒說，只是專心的聽，不時的點頭，因為他們知道，當人被情緒淹沒，講理只是火上澆油，最好的上策就是先等待發洩完畢。當早自習時間快要結束，輔導老師們一起送我回教室，沿路上，他們跟我說了許多，但我都有聽沒有到，只有兩個問題，卻直衝心底，而且，就這麼簡單的兩個問題，卻影響了我的一輩子。

輔導老師問：「朱芯儀，妳可以想像，那時妳爸爸在背後看著妳跌倒，卻要忍住自己眼睜睜的看著，不能去救妳的心情嗎？」我呆住了，從來沒有想過，想著爸爸的心情，好深的心痛，我只顧著自己，沒有想到那些愛我的人更痛苦。輔導老師接著再問：「妳知道爸爸為什麼要這麼做嗎？」

接納才是重生的開始

我知道，看起來爸爸是對我殘忍，其實是對自己更加狠心，表面上他是要逼著我拿出手杖獨立行動，其實是想推那個身陷抱怨的女兒一把，手杖不只是手杖，而是身為視障者的自我接納。這條路能走下去的只有自己，沒人能陪我走一輩子，如果我不用我的手杖自己站起來，硬要在地上耍賴，他們也只能陪我流淚，默默守護，而唯有面對自己，從心出發，才能讓生命重新開始。

我的人生並不是就此一帆風順，也不是一瞬間就完全想開和突破了，只是從那一刻起，我懂了，不是別人怎麼對待我的問題，而是我怎麼看待自己。

我開始拿起手杖、開始跟人提起我的視障、開始主動說出需求尋求幫助，雖然心情還是進一步、退兩步的上下起伏著，但我知道我用再大、再厚、再密的紗布都掩蓋不了心上血流如注的傷口，只有將它敞開，正視、接納、承認，拿起我的白手杖，我才不會卡在原地，怨天怨地怨自己，傷口會慢慢結疤，成為新生命的開始，往前繼續創造我想要的未來。

2013年，勞動力重建運用處以此段爸爸放手讓我跌倒，卻改變了我一生的故事為題材，拍攝了一部名為「相信」的微電影，那時我好奇的問：「爸，為什麼那時你不想把我保護的好好的啊？」爸爸表示其實他和媽媽不止討論過一次，是不是要努力工作留錢給我，還是幫我設一個信託基金？但是如果我不會管理財產，如果被騙，如果亂花光了怎麼辦？最後，他們達成了共識，爸爸溫柔而堅定的說：「我們相信，對你最好的保護，不是把你照顧的無微不至，而是訓練你，擁有保護自己的能力，那才是真正的保護。」。是的，有時候，放手是一種殘忍，卻是真正的慈悲。

芯言心語

殘缺，是什麼？我的殘缺很表面，是眼睛、耳朵和手腳，但如果現在的我又再次發現同學們在看漫畫，他們說：「朱芯儀，沒關係，你又看不見，回去坐好吧！」我一定會俏皮的說：「你們真是太小看我們視障生了，拿過來，我用聞的！」心裡坦然的一點都不受傷，因為我已打從心裡接納它，視障就是我獨特而美麗的一部份。所以，**最大的殘缺在哪裡？不是肉體，而是內心**。你呢？你的心裡也有這樣一個平常盡量不看、不聽、不感覺，裝得像沒事的人一樣，卻在平淡的生活中、在夜深人靜的時候、在與朋友聚餐的熱鬧場面裡，感覺汩汩的鮮血從心上的傷流出嗎？

為什麼是我？為什麼他家那麼有錢？為什麼他可以平步青雲？為什麼他有個美滿的婚姻？為什麼我的股票沒有買在最低點、賣在最高點？有些為什麼，我們有答案，但是有些，卻怎麼都找不到，而在那些時刻，我們要固執的繼續為這些不完美找出為什麼，還是敞開它、讓它和空氣接觸，感受到那種撕心裂肺的痛，感覺那種嚥不下去的苦，然後，一次一次，認賠殺出，使它成為你的一部份，坦然的跟不完美相處。

心理學中有個很有名的「費斯汀格法則(Festinger Law)」，一個小小不如意的事件，卻讓整天禍不單行，負面如同雪球愈滾愈大，擴散充斥了每天的生活。**面對那些可以解決、未來有可能更好的事，不要太容易放過自己**，那會讓我們從優秀提升到卓越；**但是，面對那些操之不在己、無能為力、已然發生的過去式，不要任由內心的折磨徘徊不去，不接納，就像身陷一片情緒泥沼，愈掙扎抗拒，愈挖空心思想知道為什麼，就陷得愈深愈痛苦；而要走出來，很簡單，就是認輸、臣服、敞開**，請勇敢拿起心裡的白手杖吧！

Lesson
1-2

面對失去　傷口之外

我們看到那些失去的，但也看到了那些一如以往、完好如初，甚至因為磨難更加美好成熟的，逐漸邁向了復原的道路。

盛情邀請下的猶豫

當我慢慢能接納自己的與眾不同，我的笑容變多、好相處、更能自在參與團體活動、同學也開始敢慢慢朝我靠近，他們開始問我需要什麼幫忙？要怎麼幫我？我的視力障礙是怎麼回事？這會遺傳或傳染嗎？甚至有同學開始好奇問我怎麼買衣服？怎麼綁頭髮？怎麼處理生理期之類的女生專屬小秘密。

其中，有幾位女同學跟我特別要好，她們了解被剝奪了視力之後，我可以吸收外界資訊的主要途徑就只剩下點字和有聲書，而對他們來說，點字書是教科書一點都不奇怪，但怎麼連有聲書的內容也都是正經八百的東西呢？

那時，她們正風靡各種你情我愛的言情小說，就自告奮勇的一邊看書，也一邊錄音給我聽，有時候是多人分工扮演，更多時候是一人分飾多角，一下是高亢的女聲，一下是低沉的男聲，一下是兇惡的婆婆，一下又變成委屈的小媳婦，每次聽著裡面分明是柔情蜜意的感人情節，我卻忍不住滑稽的笑了出來，但也覺得好溫暖、好感動。

一天，當她們一如往常的去蒸飯箱拿回了自己的便當，移動桌子圍在我旁邊，準備張家長李家短的開始學校生活中最放鬆的午餐時刻，一位同學突然問：「芯儀，我們週末準備要出去玩，要不要跟？」

「當然啊！」我不假思索的說。

「妳說的哦！不能反悔，我們要去看電影！」

當聽到「看電影」這三個字從她嘴裡蹦出，我口中的飯差點沒噴出，心裡邊罵「妳白癡嗎？」，邊快速想著：雖然看不到，可是如果是中文發音的，我就聽得懂，應該可以啦！

我接著問：「妳們要看哪部片子啊？」

「那部片子是當紅炸子雞，每個人都一定非看不可，不然妳就落伍了哦！」同學還故意停頓語氣，賣了個關子繼續說道：「仔細聽了，那部片子叫做『貞子迷咒』」。

不問還好，一問我更想把話到嘴邊的「妳白癡嗎？」飆出，貞子不就是那個從電視機裡爬出來的女鬼，這部片子又是日語發音的，一部日本恐怖片，是要我怎麼看啊！

可能很難想像我內心的糾結，不就只是去看場電影，頂多就是看不懂，浪費門票錢而已，有什麼好猶豫的？但是，每個人都有自己最不喜歡，也不能忍受的事情，對我來說，那件事就是「無聊」，我無法想像自己要自願去看一場呆坐在電影院裡，從頭到尾不知所云、昏昏欲睡卻又會被身旁尖叫聲吵得不得安寧，白白花錢卻一點收穫也沒有的電影啊！

我把這擔心告訴了其中一位最要好的同學，她拍著胸脯保證：「安啦！我會坐在妳旁邊，到時候螢幕上打出來的字，我都會唸給妳聽！」

正如預料的無聊

因為有人遲到、有人上廁所、有人買爆米花，我們晚了十分鐘才進場，而電影早已開始播放。階梯型的電影院裡一片漆黑，除了螢光幕上的光線之外，地上幾乎沒有一點光，沒有人帶手電筒，也沒有工作人員來指引我們，大夥兒站在最高的入口，卻沒有人敢動第一步。

感覺到同學們的猶豫不前，我很神勇地帥氣撐開手杖，請最靠近的人把手搭在我的肩膀上，其他人則再依序搭著前面的肩膀，像接龍一樣的一個帶著一個。手杖真的比他們的腳靈活多了，前方是否有障礙？什麼時候要下階梯？階梯有多高？問我的手杖一目了然。

我很順利地帶他們找到座位，心中滿是歡喜和得意，覺得自己真是太棒了！但是不到十分鐘，我就陷入深深的後悔了。

我真的看不到，也聽不懂，同學跟我說她會幫我翻譯，但我不是被她突如其來的驚呼和尖叫聲嚇到，就是完全無法理解她口中照字幕上喃喃唸著的到底是誰和誰的對話，更遑論窗簾被風吹開、女人的指甲變長了、鏡子裡出現貞子的臉……，這些只有畫面沒有文字的時刻，我都只有聽數隻烏鴉飛過，齊聲尖叫的份。

享受看不見的電影

當我慢慢死心，睡得著也好，睡不著也罷，接受自己可能就是要在這裡無聊地待上兩個多小時的事實，我全身放鬆，準備進入夢鄉。可是，突然發現，我居然能感受到這麼多！

我可以聽到杜比音響環場震撼的效果，以前都不知道杜比到底貴在哪裡，不就是立體聲嗎？但那時我發現，「震撼」真的不是聲音的感覺，而是整個身體的震動，尤其是在播放像二胡、小提琴之類的弦樂時，體內的神經好像也被什麼牽動一般，有一點酸、有一點麻。

我也終於知道「凝重」並不是一個形容詞，而那天變成了活生生的動詞，原來空氣真的有重量，當一群人是如此嚴肅專注的時候，空氣真的是重的耶！

同學跟我翻譯的每一字每一句，本來有聽沒有懂，但有什麼關係，我在腦內小劇場熱鬧開演，這句話應該是男生跟女生說的，這時候全場尖叫應該是他突然消失了吧！

雖然事後核對，我與同學們看的彷彿是兩部不同的片子，因為我們看到的劇情落差懸殊，但在電影院的兩小時卻對我是如此真實而精采，到底什麼是真的，根本沒那麼重要啊！

最後，當一個清湯掛麵、白皙清秀的女生臉部特寫，轉變成貞子那泛綠光、稀巴爛、陰森詭異的表情時，全場都會失聲尖叫，雖然看不到畫面，卻也終於可以緊跟著現場的脈動，放聲跟所有人同步大叫。

當電影結束，每一個人都很心滿意足，當然，也包括看不見的我。

珍惜和享受還擁有的

我以前從未如此關注過除了失去以外的這些部份，原來，我還有好聽力，雖然右耳失聰，但還有左耳；我還有很好的感受力，才可以感覺到身體的震動、神經的酸麻和凝重的氣氛；我還有很好的邏輯力、推理力、想像力，才可以如此逼真的自行腦補一部貞子迷咒；最後，我還有一副好聲音，才可以跟大家一起放聲尖叫。

是的，我失去很多，但原來，我剩下的還有那麼多，為什麼我要放棄自己？誰說我的人生不值得好好活呢？

當時的我，雖然還是只能接納這些失去，而沒辦法打從心底喜歡上它，但我發現自己不再只是一直悔恨已經失去的，還可以把心裡挪出一個位置，更去珍惜和享受目前還擁有的。

芯言心語

當一個人受了傷，流淌著鮮血，疼痛難耐，那時我們的注意力全都在那些傷口上，會誤以為，這個傷口非常巨大，大到可以覆蓋淹沒完全的自己。就像失戀時，我們覺得心已經全被掏空，什麼也沒有了；當考不上前幾志願，我們會以為生涯就這麼完蛋了；沒得到這份理想的工作，我們以為日後再也沒有轉機，只剩一片黑暗了。

當慢慢能承受這樣的痛楚時，才發現，傷不再籠罩全身，漸漸能還原傷口本來的大小。失去了這份愛，但還擁有其他的情；這次考試失利，已經學會的卻是別人永遠也搶不走的；沒有走上理想的生涯，從不停歇的堅定行動力卻是可以以自己為傲的，真誠的本質、善良的天性、努力的態度……，**我們看到那些失去的，但也看到了那些一如**

以往、完好如初，甚至因為磨難更加美好成熟的，逐漸邁向了復原的道路。

失去的功課是在教我們，沒有什麼是理所當然，如果這些都不該是屬於我們的，還擁有的一切都要感恩、都該珍惜，好好數算，你會發現自己與我一樣，我們都有好多失去，但卻貨真價實，擁有更多更寶貴的幸運和幸福。

Lesson 1-3

面對恐懼

無能和可能

如果我們沒有傷口，別人灑鹽也不會這麼痛。時間並不會治療一切，除非這時間可以讓我們忍受著痛，逐漸敞開傷口，傷口才會慢慢結疤。

視障也可以是一種優勢嗎？

剛拿到諮商心理師證照，成為台灣第一位重度視障心理師，這樣的光環底下面臨的就是失業，因為沒有人知道我能做什麼，要怎麼跟這樣一個心理師合作呢？未來生涯就像拓荒開墾處女地般困難重重，求職碰壁也是家常便飯，此時，黑暗對話社會企業的徵人廣告悄悄捎進我的信箱，內容是這樣寫著：「你知道嗎？視障也可以成為一種優勢！」哇！原來看不見也可以當飯吃嗎？再仔細看徵人條件，要有很敏感的觀察力，我覺得自己應該夠格吧！表達能力要好，這也沒問題！要會與團隊合作，待過四年的社團經歷，這當然難不倒我！

唯一，有個條件讓我擔心：在黑暗中的定向能力。定向就是我們獨立自主行動的能力。在光亮下，我是多麼依賴那微弱的殘餘視力，就像偵探一般，看到一點蛛絲馬跡，卻可以用經驗、用邏輯、用推理拼湊出事件可能的樣貌，這不只是先天的「視覺」，而是後天培養的「視知覺」，行動自如到別人都常以為我是假盲人呢！但到了全黑的環境中，我引以為傲的視知覺還派得上用場嗎？只剩右耳的我真有辦法行動自如嗎？雖然帶著這麼一點不安，但這封信點亮了當時走在就業困境裡的我！

不順中的順利

面試官是黑暗對話現任董事長陳旋旋先生，我穿著正式，正襟危坐，卻有種一頭霧水的感覺，他不問我動機、學經歷、對黑暗對社會企業的了解之類的問題，就只是輕鬆自然的閒話家常，聊了些什麼我也不記得，也許大人物的面試就是這麼獨特吧！但已經有多次面試經驗的我，卻一點會不會被錄取的預感都沒有。

一個多禮拜後，接到陳董事長的電話，他再度約我在咖啡廳見面，什麼？面試怎麼還會有這一招？而且同期的夥伴都說沒接到這樣的邀請，讓我的惶恐更加劇。

一如上次，陳董事長還是閒話家常，我耐著性子等待將近兩個小時，最後十分鐘，話題終於繞到了黑暗對話社會企業上，他說：「妳知道我們是全黑的環境，在裡面就是要聽聲辨位才有辦法行動，你單側聽力聽不到，在裡面怎麼工作？」我心裡吶喊，不會吧！再一次被拒絕！

還不待我把內心小劇場跑完，他緊接著問：「可是從這幾次談話，我知道其他方面妳都合格，我不想馬上拒絕妳，如果妳要放棄，這選擇很好，不用我再費心；可是如果妳想挑戰，我就支持妳！」

鋪天蓋地的黑暗

為期七天的黑暗對話培訓課程，困難一波波襲來，在我失明之後，我很少有機會再經歷這麼深的痛苦，那種生不如死的感覺，不只是課程的高難度、高要求和高標準，更把我好不容易培養出的一點自信心，摧毀的面目全非。

視障者最重要的感官是聽覺，因為這不只是訊息來源，更是我們的判斷依據，所有聲音都來自我的左邊，我無法聽聲辨位，我無法靠著音源方向提供前進的暗示，我無法透過聲音的強弱判斷與別人的距離，撞到物品、迷失方向、走錯位子……。腦瘤壓傷的右半邊肢體更是雪上加霜，走路歪斜、來不及派發教具、打到人、弄翻水瓶……，這是要怎麼在黑暗裡工作？

為了熟悉空間的方位和配置，所有視障者被要求在完全黑暗裡到達各個指定的位置，一起玩老鼠賽跑的遊戲。沒有一次例外，我永遠是那個迷路、找不到家的老鼠。別人跑一圈十秒、跑一圈二十秒回來了，輪到我時驚慌、陷入恐懼、動彈不得，五分鐘後被拎回來。

不知道在黑暗裡偷哭了多少次，我只跟夥伴們淡淡的提起自己右耳失聰的狀況，從沒有透露過這種崩潰的無能為力，但看著他們，我才發現原來，自己連想當個視障者，居然都不配！

除了敞開，我還能怎麼辦

搭乘捷運回家途中，我問我自己：「你要不要放棄？」我不想明知不會取得黑暗對話培訓師的認證，還忍受著這麼深的煎熬！悲從中來，站在車箱一角默默的掉淚。

正陷於一片愁雲慘霧中，我低頭看著握在手裡的這根白手杖，霎時有種可笑的荒謬感，自嘲的想：到底是誰在煎熬自己啊！失明這個大魔王我都過關了，為什麼聽力和肢體這種小兒科我會過不了關？回想面對視力，不就是我敞開我的傷口，接納了以後才能走出來嗎？原來我接受自己視障，卻一直不願接受自己也是聽障及肢障啊！

隔天受訓，我再也不想逃，忍著心中隱隱作痛的自尊心，赤裸裸的向所有夥伴敞開這些糾結，請求大家共同幫我想想辦法。夥伴們犧牲午休陪伴我練習、討論如何用觸覺加強辨識能力、優先讓我挑選行進路線。

結訓前夕，我主動寫了一封信給總教頭Julian，我告訴他，為了克服在黑暗中的行動問題，夥伴們嘗試多少方法幫助我、我也自行在家用轉轉椅來練習聽聲辨位，詢問醫生對我聽力評估與進步的可能，以及到目前為止，摸索能在黑暗中工作的方式。最後我告訴他：「如果我不合格，請把我刷掉，但如果你覺得我是可能的，只要你給我機會，我一定不會放棄」。

在結業典禮上，在夥伴們歡聲雷動中，Julian把手中第一張培訓師合格證書頒給了我，想起了我們共同經歷的艱難試煉，感動著大夥兒的相互支持，又哭又笑，我們緊緊擁抱在一起。

獨一無二的位子

成為了黑暗對話的一員只是開心了一下下，更多的是羨慕和落寞，那麼多優秀的視障者可以在黑暗對話的培訓體系裡，從只是依照指令派發教具和觀察分享的助理培訓師，慢慢升到可以掌控整場的主培訓師，然後又可以升到面對超大場面的總培訓師，他們擁有我所沒有的好手、好腳、好聽力。而我雖然已經竭盡所能的學習、嘗試和突破，但能穩穩的不出錯就已經謝天謝地，我永遠只能當個最基層的助理培訓師。

當時的總經理Tim看到了我的惆悵，他說：「別擔心，那一片是他們的戰場，你會有屬於自己的位子的！」Tim開始邀請我為培訓師舉辦不同的精進課程、上台擔任某些議題的講師、為客製化的工作坊出主意；我也到處放風聲，到處嚷嚷，有什麼我可以做？有什麼我可以幫忙？用腦、用嘴巴，這是我的強項，快來找我。

在黑暗對話十年的日子裡，我除了擔任五年的讀書會會長，辦理口語表達、肢體服儀、內在探索、創意溝通等充電課程，協助視障培訓師擴展生活和向上精進，也在現任總經理Jeffery的帶領和信任下，招募、培養與管理黑天使志工的加入，使黑暗對話公司能為社會創造更多價值以外；更積極參與課程研發，把既有的工作坊更能適切結合社會多元的需求，曾共同打造獨家特色的音樂療癒工作坊、設計數百人可川流不息的戶外體驗黑暗園遊會，還有全球獨賣專為促進學生同理心發展的黑暗星球課程。期待能再創黑暗對話、視障者和社會全人三贏的價值。

看著其他視障培訓師們成為黑暗裡最亮眼明星的我，從原本的滿心羨慕卻望塵莫及，到現在我感謝右耳失聰，它給了我缺憾、它給了我限制，卻也讓我再一次勇敢的敞開傷口，給了我另一條與眾不同的出口，找到了更適合發揮自己的位子。

芯言心語

以前非常不認同，為什麼有人會說：「任何人都不能傷害你，除非你自己願意被傷害」，這是什麼歪理？怎麼可能有人會自願被傷害？

隨著領悟的一點一點加深，我懂了，**如果我們沒有傷口，別人灑鹽也不會這麼痛**。那些我們不想觸碰也不願面對的，不管別人是不小心還是刻意，或是我們自己言者無意、聽者有心，一再抵抗、一再逃避、一再把矛頭指向別人，其實是我們沒辦法正視心上的傷。

當肉體有傷，我們除了上藥，會以ok繃、紗布等來包紮，然後等著它自然痊癒；但是心上如果有傷口呢？我們都會很想緊緊裹住，當作不存在而忽略吧！但是，不管再怎麼加大ok繃，加厚加密包紮的紗布，只要有個風吹草動，一樣痛不欲生。因為其實，**時間並不會治療**

一切，除非這時間可以讓我們忍受著痛，逐漸敞開傷口，傷口才會慢慢結疤，成為心上獨特的一部份，甚至隨著更多事件的發生和領悟，會愈來愈喜歡和感恩這美麗的傷疤。

敞開，不是為了得到同情憐憫，不是要跟別人討拍討愛，而是為了要對自己承認。紐約西奈山伊坎醫學院院長查尼（DennisCharney）和耶魯大學精神科教授索斯維克（StevenSouthwick）認為：克服恐懼的最好辦法就是—面對自己的恐懼。勇者不會無懼，只是他會同時帶著不安和勇氣，繼續面對恐懼。深深相信，唯有接納自己的無能，才能看見有多大的潛能，未來也才擁有無窮的可能。

Lesson 1-4

面對失衡 隨順轉

什麼是愛自己？就是把自己當個珍珠寶貝好好對待。我們不是要成為完美的人，而是要學習用完美的眼光去擁抱不完美的自己、他人和世界。

哪裡還有傷？

帶領中途失明心理成長團體時，我與幾位視障成員們有說有笑，甚至不時拿自己的視力障礙開玩笑，一位失明不到一年的夥伴忍了很久，終於在最後一次團體分享時衝口而出：「到現在我還不敢相信，我一直以為你們是朱老師請來的臨時演員，怎麼可能有人都瞎了還能那麼快樂，你們一定是騙我的吧！」我在全場爆笑中嚴肅的說：「你怎麼發現的？不是一定，是肯定，我們是裝出來的！」接下來他吞吞吐吐說得話，更是讓大家笑得上氣不接下氣：「我想問，我也有可能像你們一樣，當個那麼快樂的臨時演員嗎？」

就算現在路人大罵「你是青瞑哦，撞到我了啦！」，我會一臉讚賞的說：「你好聰明哦！」，站務人員不用「視障旅客」而呼喊「盲胞」穿梭車廂高聲找尋時，我毫不遲疑的舉手：「盲胞在這裡哦！」。

看不見已然不是傷，它讓我學會了什麼叫謙虛、臣服和柔軟，更不會造成我與別人相處之間的疙瘩；聽不見讓我沒辦法符合別人以為視障者就代表聽覺靈敏的迷思，必須更專注在發掘自己獨特的潛能。但是，對於肢體的不平衡，它到底要教我什麼？

當運動教練要求全體學員單腳獨立測平衡，好多人都輕輕鬆鬆的撐過60秒，而我，總是一舉起單腳就立馬失去平衡，只能撐一、兩秒的時間真是丟臉啊！朋友們看我的成績爛的荒謬，好心的七嘴八舌湊過來，想教我如何擺重心、腳彎曲、手平舉……，半推半就的嘗試著，突然一陣不耐煩的反感湧出，正要張口叫他們別說了，才驚覺，對於視力和聽力我已然完全免疫，不管你問我什麼、指導我什麼，我都不會有絲毫的不悅，但原來，對於腦瘤的後遺症——身體不平衡仍是我心頭尚未完全康復的傷啊！

別人能夠婀娜多姿的蹬著高跟鞋、擺出雙腳併攏的漂亮pose、隨著音樂翩然舞動，而我只能努力跟鴨子走路的姿勢搏鬥、掙扎著不朝向明知有障礙的地方歪斜、用強烈意志力逼迫身體服從大腦指令。我真的不明白，不平衡到底有什麼意義？

不平衡的禮物

2017年7月，與一群跟我一樣看不到的視障朋友參加了海上獨木舟活動。我會游泳，可是好像每個人都會穿救生衣，跟會不會游泳沒關係；我那麼沒肌肉，有辦法划槳嗎？看不到又玩這種活動，鐵定掛彩，怎麼辦？更重要的是，我的肢體不平衡得那麼嚴重，在陸地上連左右腳一直線的弓箭步都有困難，更何況金雞獨立根本不可能，在海上我可以活嗎？不會又是一次看著大家快樂的眉飛色舞，我只能強顏歡笑，苦笑著說沒關係吧！

去年主辦人的正向經驗、蘇帆海洋文化藝術基金會的行前訪問、一對三的明眼志工比例，加上我那逼自己誇下海口說「我去定了」的大絕招，臨陣脫逃不只是丟臉而已，沒有路可退了！

所有困難正如我的內心小劇場，每一幕都沒放過，看不到海浪什麼時候襲來，只有被水淹的載浮載沉的份；完全沒有肌肉，想用力划槳卻無力對抗水流；連翻船了都不知道要往哪裡靠去，只能信任一定有人會來救我……。但是，唯有一件事，大家全都跌破了眼鏡！

在一波波海浪襲來的太平洋上，在搖晃不止的獨木舟裡，在夥伴們因暈船而紛紛躺平嘔吐時，甚至連身經百戰的教練也只能虛弱的邊吐邊划；一方面心疼他們的受苦，卻也驚訝的發現，一向體能不佳的我，怎麼還能如此活力十足的揮動船槳，高聲為彼此加油打氣，還可以唱歌提振低迷的士氣？

有平衡，才有失衡，不平衡讓我沒有任何本錢去反抗，只能選擇接納每一次瞬息萬變的當下，當潮退去，隨波逐流；當流轉變，隨遇而安；當浪襲來，順勢而為。

是的，從17歲後的新生命開始，我的人生好像只有方向感，卻沒有一定非得要到哪裡的目標。面對落榜，我用其他方式慢慢靠近想要的心理學；被拒絕，找到更有建設性的爭取方式；被質疑，更有動力把金飯碗吸在身上。當我嘗試了，覺得這是想要的、喜歡的、有意義的，我去；但如果意外襲來、生涯轉彎、美夢破碎，我也不多花力氣掙扎，再次找尋方向，繼續安在穩穩的自己裡。

在大海的搖籃裡，我終於懂了，原來人生就是由不斷的無常堆疊而成，不平衡的功課是在教我放下自己，更能交託的隨、順、轉。原以為只是體驗冒險之旅，沒想到竟然是深刻的心靈饗宴，獨木舟活動讓我擁抱了更完整的自己。

珍愛自己

我想，如果我是老天，我也不知道要怎麼教這個恃才傲物、目中無人又冥頑不靈的女孩，但是我好愛她，賜予那麼多好東西，是有任務、有使命給她的，但怎麼眼睜睜看著她的表現愈來愈優異，對於掌聲和鎂光燈卻愈來愈貪婪，甚至還開始認為自己比天還大，高傲的心逐漸扭曲，到怎麼也拉不回來。所以我想，苦難和折磨才是她真正需要的，最後決定，派出這個腦瘤來好好教導她，讓她從頭學起，與自己、與別人、與世界、與天建立新的關係。

如果高中時，你問我是否要復明？我會不假思索的說：「當然要」，因為失明實在太苦了！如果研究所時問我同樣的問題，我會驚慌的說：「不要這麼快吧」，因為我雖然已經領悟，卻對自己還沒把握，可不可以不在有任何身體威脅下，還是成為心靈安穩的自己，不會再度變成那個猖狂的女孩。而現在，如果你又問我，我會說：「都可以」，如果恢復視力、聽力、平衡能力可以造福更多人群，不用太貴而且百分百成功，我很樂意，但無論復明與否，我都會努力活出喜歡的自己。

老天讓我從一隻只看到自己的孔雀，變成公園裡百花叢中，一朵努力綻放的花朵；我雖然只是其中的一朵花，但卻與這座公園共生共息。每朵花都長得不一樣，就如同每個人都有自己的特質一樣，我的不完美，已然不是傷口或缺陷，而是我的獨特，我一點都不引以為恥，甚至還有些驕傲的炫耀——因為，若不是它，我不會成為公園裡眾多花朵中這麼獨特又美麗的一朵。

芯言心語

靈性芯儀對我說：「對於生命的過程，我看到你已經從充滿怨恨走到了知足、惜福與感恩。你感謝那些一路陪伴你的人們，尤其是始終不離不棄的家人；你感謝病魔的突然侵襲，因為這場病，迫使你放下原本的堅持和執著，重新探尋生命，為自己的人生再次做出選擇；你感謝生涯路上師長與雇主們的提攜，他們的願意嘗試，你才能在生涯的舞台上發光發熱。

但我要提醒你，因為你總會輕易的忘記，其實你更要感謝的，是你自己。

感謝你自己是如此善良，才會有那麼多貴人和善緣來成就你；感謝你自己是那麼有彈性，可以調整自己，包容人世的無常；感謝你自己是如此的靈巧，才能為看似殘破的生命一再找到出路。與其說是老天始終在冥冥中看顧著你，不如說是你一再為自己創造新的意義。

現在的你，是歷經了那麼多猛烈碰撞，卻可以安然走來的芯儀；是那個面對事事無常的變化，依然可以在限制中活出自己的芯儀；是那個身處忙碌中，仍燦爛的活在此時此刻當下的芯儀。

我與你都知道，你將會一路前行，不管走到哪裡，不管行向何方，不管世事如何變化，不管生命中那些重要的人何時與你分別，你永遠是安全的，你永遠是值得的，你永遠是寶貴的，你永遠擁有我對你無盡的祝福與愛。」

這是在撰寫碩士論文時，靈性芯儀寫給自己的一封信，現在讀來，還有好多觸動和啟發，與你分享。**什麼是愛自己？就是把自己當個珍珠寶貝好好對待**，溫柔的安慰，疼惜的鼓勵，真誠的讚美，也盼望你能用更高的角度、更遠的視野，用從心出發的眼光看待生命中的那些傷，**我們不是要成為完美的人，而是要學習用完美的眼光去擁抱不完美的自己、他人和世界**，先從接納自己、喜歡自己，然後好好珍愛自己開始吧！

Lesson 1-5

面對逃避 用愛融化受害者

面對傷口最原初的掙扎，也是自我療癒的起點，那就是愛，只有感受愛的能量才能讓我們重新面對生命。與過往的傷和解，是停止反覆的自我折磨。

叱吒風雲的開場

從有記憶開始，我是家中的掌上明珠、學校裡的超級明星。學業名列前茅，體育、美術、音樂樣樣精通，更在競爭激烈的全國科展獲得冠軍。原以為唾手可得的榮耀未來，即將在眼前開展。

15歲，青春正燦爛綻放，右耳突然失聰、身體開始無法平衡的晃動、手部功能也明顯的不靈活，最後頭部的劇烈疼痛，我每天浸泡在嘔吐和昏厥的痛苦恐懼中。醫生宣告：妳的腦部長了一顆8公分的腦瘤，而且壓在生命中樞的腦幹，非常危急。

從站在鎂光燈下就是生活的日常，以為完全可以掌控未來，覺得人定勝天，我開始不可置信的覺察到，豐功偉業怎麼離我愈來愈遠，用盡全力卻一次次力不從心，連呼喊也變得微弱，就這麼直直墜落，最後到了什麼也看不見的谷底。

人們常以為我很勇敢，不管中西醫、宗教風水，或是各種古怪的民俗療法，只要別人說這對我有好處，都來者不拒的乖乖嘗試。但其實，配合只是一種偽裝，我既然無力承受，就拖大家一起下水，完全交出自己生命的主控權，任憑別人擺佈，然後，全部方法都嘗試過了無效後，我就可以肆無忌憚的恨老天、恨父母、恨同學，把所有的恨全部傾倒在別人身上，我只要安心當個受害者就好了，一切都是你們要負責的！

母親的愛照見自私的我

我的腦瘤跟我一樣頑固，不只發現時即已是8公分的龐然巨物，不只是因為生長在連通脊椎的生命中樞，更是因為它不只是壓迫在腦部，而是緊緊的把神經包纏在一起，使每次手術都是一場生與死的賭博。休學了兩年，出了兩次國，開了4次刀，小命是撿回來了，但為什麼不讓我在手術台上死了就算了！我終於明白什麼叫生不如死。

我想要做回那個在鎂光燈下閃閃發光的朱芯儀，但是，看我現在，連一枝筆掉在地上，都必須蹲在地上盲目地摸索，摸不到的時候只能坐在地上無助的哭。我好想死，心裡大聲咒罵自己：你還是個人嗎？連一枝筆都撿不到，你以後要怎麼生活？

父母不停地抱著我哭，親友們的勸阻，自己的捶胸頓足，電視連續劇上的種種自殺、自殘、自傷方法，在我家臥房、客廳、浴室真實地一再上演。一回，我又自以為神不知鬼不覺的偷偷拿了家裡的小板凳，準備溜去陽台，站上去，跳下來，一切就這麼結束了，但想不到，這竟是我重生的第一個轉捩點。

眼明手快的媽媽再一次發現了我的異常舉動，迅速趕過來將我一把抓下，抱著我痛哭，並說了一句每當自殘時她都一定會說，而且我也聽到耳朵長繭的話：「如果你不想活了，我也活不下去了！」。

那一天，不知怎的，我感覺自己好像被突然驚醒了，有一種好深好深的痛在我體內流竄；我好痛，但那個痛第一次不是為了自己，而是為了他們，我想到一幕幕的畫面，尤其是我的父母，從不掉淚的爸爸，為我不知流了多少淚，為了我，他連第二生命的事業都可以不要；而一向愛美的媽媽，蓬頭垢面地以醫院為家，從來不為錢煩惱的她，到處為我籌措醫藥費，他們可曾放棄過我？他們可曾嫌棄過我？看到他們難過，比我自己難過更令人無法承受。我一死了之很簡單，什麼事都不用管了，但他們呢？他們已經遍體鱗傷了，我怎麼還能忍心如此傷害他們？

「好吧！暫時給自己一個活下來的機會吧！」是我給內心的承諾，但是，只是因為不要看他們受苦，我先停止尋死的舉動；只是想暫時活一下，沒說我要活很久，更重要的是，拖著這樣的身體，我真的不知道我要怎麼活下去。

逃無可逃才是成長的開始

為了讓我繼續就學，爸媽與台北市立啟明學校聯繫，輔導室張主任真是佛心來著，無償為我費心張羅，安排兩個月的學習課程。

上午的時間中，居然也有兩位老師自願教我點字摸讀與視障者的定向行動訓練，讓我對台北啟明學校充滿了好感。對於學習能力，那是僅存的自信，我有把握不會讓他們失望。但是，完全沒想到，盲人的生活怎麼那麼辛苦？連到巷口的7-11都需來回地反覆摸索，我也打從心裡就排斥這支代表我是盲人的導盲杖。記下所有中英數的點字符號已經夠難了，更何況還要把這些字組合成一個詞、一句話，用手摸讀根本不可能。

結束了上午的學習課程，在鬆了一口氣的同時，更多了許多對成為視障者的抗拒。中午用餐，要怎麼添飯、夾菜、舀湯？下午跟著上按摩課，一下子當人體白老鼠，告訴同學們按的如何，一下子在教室裡聽著我無法消化的專業課程，讓我非得面對，如果視障者就是要從事按摩，而我右半邊的肢體根本不可能，那我還有未來可言嗎？

但是，不管學習怎麼困難、未來怎樣茫然，我仍一心一意要到啟明學校復學，我天真的以為，這裡的人都跟我一樣是看不見的，我就當自己進入了一個黑暗星球，還是又可以在這裡呼風喚雨，當以前那個意氣風發的朱芯儀啊！

張主任面色凝重的向爸媽誠懇提出建議：不，不，朱芯儀不應該來啟明學校，她一直都唸普通學校，既然考取了高中，應該試著回歸一般的學習環境。我心想：想把自己藏起來不行嗎？台北啟明學校不是學生人數很少嗎？我又不是壞學生，為什麼要把我踢出去？

更沒想到，我的爸媽居然接受了，並且與特教督學討論過，也在了解我將轉去的台北市立松山高中特教服務內容後，極力地說服我，既然最後我要與一般人相處，為什麼不現在就開始學習？而且也給其他同學一個機會，更知道要如何跟視障者相處。我才不管他們說的有沒有道理，擺爛是我最會的，心不甘情不願，半推半就，抱著反正你們決定你們負責的再一次逃避，我進入了一般高中。

一張愛的大網

上了高中，全班四十幾個學生中只有我一個視障者。我與他們一樣上課、吃便當、打掃環境，但因為我看不到老師的板書，家政或工藝課時需要特別的協助，應試也必需用口試或點字試卷，不僅普通教育，特殊教育的資源也一起來協助我完成這段學習歷程。

面對大家都如此善意的幫忙，但那個頑固又好強的內心卻正如預期，被撞擊的天翻地覆。曾經想把自己的心關在冰箱，不要思考、不要期待、不要相信，就這麼淡定的看著一切，直到自己的心慢慢失溫到沒有感覺。然而，每當爬升了一段，放棄和堅持又再拔河，我會想起那些忘不了的一幕幕，又再次融化了我。

在醫院數不清的日子裡，好想吃蝦仁羹，媽媽的朋友一次又一次為我採買，熱騰騰的送進病房；好想去港式飲茶，親朋好友為浮腫變型的臉梳妝，用輪椅載著、用身體扛著軟綿綿的我，完成我的夢；剛上高中的同學怕我無聊，帶著吉他在病床邊唱歌，念著報紙上的熱門新聞；還有一位爸爸的麻吉，怕我們經濟有困難又不敢說，拎著一個裝滿現金的大皮箱不請自來；願意此時認我當女兒，陪同所有醫療過程，說要把自己的福氣都送給我的乾爹；還有那卷錄音帶，在國中時跟盛氣凌人的我幾乎是死對頭的她，卻在得知我的病情後，邀集了全班同學，每人錄下關心與祝福，還選了好幾首溫暖鼓勵的歌，為我加油……好多好多，他們一再喚醒著我，我一點都不孤單，我還擁有數不盡的愛。

而當時啟明學校的輔導室張主任，無疑是我重生以後的第一位貴人，硬是把我從幻想的舒適圈趕出來，那些逃無可逃，每天面對著別人與自己的不同，每天想起自己的傷痛，每天被提醒與以前的差異，卻讓我沒有多少時間躊躇，只能面對傷口，踏出了自我療癒的第一步。

當然，更珍貴的愛是來自我的家。當我受了委屈，感性的媽媽一定會先站出來真情相挺，有時候甚至會比我還氣，給我最全然的情緒安撫；而我的爸爸則是理性的支持者，在我冷靜後一起面對問題並分析事理，讓我在每一次的困難中都有大幅成長；而那小我4歲的弟弟，不管我是否生病、是否失明、是否掉入谷底，對我完全沒有差別待遇的態度，始終覺得我就是那個能讓他引以為傲的公主姊姊，使我總有一種不服輸的韌性，更確信自己一定能再爬起來。

曾有人遺憾的說：「真的好可惜，如果你沒失明，應該會比現在更棒吧！」不過，我還真的一點都不這麼認為，曾經幻想過那樣的我會是什麼樣子？叛逆的與父母吵架、高傲的談不成戀愛、瞧不起人也不可能有好的職場關係，就算我真的在某一個領域出類拔萃、表現優異，那又如何？世界上不少一個好強又傑出的女強人，但是能夠用生命感動生命，看見不完美的完美，卻是一個如此獨一無二不可取代的珍貴位子。

如果這些傷未曾發生，我不會發現自己原來竟是個幸福到破表，又是個幸運到離譜的人，我感恩著這數不盡的愛，編織出一張滿載溫暖的大網，讓我即使因為許多無情的傷刺痛而墜落，仍然被溫柔的接住，成為即將大步成長、再次翻轉生命的開始。

芯言心語

有些決定太困難，有些傷痛承受不了，有些處境難以面對，想逃避是可以理解的人性，當個受害者多麼輕鬆容易，把所有的傷痛都拋擲出去，這一切都是別人害的，這都是你們的錯，而我們可以不必負責、無需解決、不用承擔。

然而，我們可以抱怨一陣子，卻不能抱怨一輩子，把這篇放在這一部份的最後，是因為我想與你分享**面對傷口最原初的掙扎，也是自我療癒的起點，那就是愛**。只有感受愛的能量才能讓我們重新面對生命。暖心的話語是愛、痛到讓人領悟是愛，無微不至的溫柔是愛、殘忍的放手也是愛，愛有正反兩個不同面向。被照顧是愛、身邊有想照顧的人也是愛，被關心是愛、有能力關心別人更是愛，請記得，愛不只是擁有，還有付出。最後，尊重別人是愛，疼惜自己也是愛，在愛面前，別人和自己同等重要。就是這些愛，來回穿梭著我的生命，讓我可以超越傷痕，使它成為生命裡最美麗的彩虹。

與過往的傷和解，並不表示同意或原諒了發生的那些事，更不是要喜歡或擁抱它，而是停止反覆的自我折磨，拒絕再當一個對自己全然放棄的受害者，如果命運已然迫害你，請別再加害自己。我們當然可以不必勇敢，也無需堅強，但卻可以允許自己去感受，讓這些愛的能量也流進生命裡，因為，唯有愛，是一切問題的解答。

Part 2

我與人

連結不只是與人或人際關係連結，不只是與大自然萬物連結，連結也包括跟自己連結。學習與外在連結的平衡，與內在連結的能力。

075 打不破的玻璃芯

Lesson
2-1

面對示弱

施與受一樣有福

如果一個人和社會斷了連結，那他所有的言行都失去了意義，我們需要知道自己是對別人有用處的，需要相信我們有需要時別人也會伸出援手，並且找到自己在人與人之間合宜且安身的位置。

沉重的公民作業

高一，公民老師出了一個在那個年代很新潮的功課，他把同學們分成若干小組，想出名勝景點、規劃路線、搭乘大眾交通工具、採訪、拍照、寫心得，不可以假手他人。不知道跟我分到同組的夥伴們心裡作何感想，他們表面上那麼有同學愛，要我放輕鬆，會當個好嚮導，也承諾會保護我的安全，可是我心裡不以為然：你們其實一定覺得自己倒楣透了，還要帶一個瞎子吧！而且這是我失明後第一次在沒有家人照料的狀況下外出，還是要去完全不熟悉的基隆，實在太令人忐忑不安了！

父母為了安撫我那不安的心，他們跟我沙盤推演各種情境，如果跟丟了怎麼辦？如果跌倒了怎麼處理？還借了我一隻那年代很少學生有的手機。

第一站，基隆山

坐著客運搖到基隆山，那天的天氣陰雨濛濛，因為下過了雨，山路泥濘不堪。大家半拉半推地協助我到達了山頂，站在根本無心記住什麼名稱的石碑前，我強裝笑容的拍了一張大合照。

泥濘的下山路上，走著走著，在我面前居然橫躺著一條大山溝。男生直接奮力一跳就過去了，只要對面有人拉一把，女生也可以大步的跨過去。我趕忙伸出雙手，說：「你們拉我，我也可以過去！」，可是同學們全都搖頭拒絕，「妳看不見，如果踩空掉下去怎麼辦？」

不會吧！這麼快，哼！我早就知道你們不可信，我一定是馬上會被放生的那一個，好在我早有準備！一邊看著同學交頭接耳，一邊準備掏出手機。

突然聽到同學說：「這樣好了，芯儀你可以放心過來了！」。驚訝的是，兩位男同學就地趴下，給我當路橋，兩旁的女同學們一個拉一個推的護著，正當我一步步穩穩的踩過去時，心中的不可置信升到了最高點：你們這群人，幹嘛這樣幫我，我平常又沒有對你們多好！

第二站：和平島

驚訝還沒結束，我們又坐公車搖到了和平島，那裡的地形十分特別，岸邊和海邊相隔了幾十哩，觸目所及全都布滿了大大小小的石頭，我們必須要從那些石頭上一個個跳躍過去，才可能摸到清涼的海水。

我站在岸邊，看著一望無際的大石頭，原地坐下，無奈的說：「我就坐在這裡等你們，你們自己去吧！」，同學不同意的聲音再度傳來，他們說一定有辦法的！

他們先是派出兩名路探，看看哪一條路線的石頭比較好跳，然後，真人實境的傀儡戲就上演了——一名同學反手握住我的兩隻手，退後的帶我前進，我的左右腳分別各被一個人抓著，一位同學則是我們的眼睛，指揮著現在要朝什麼方向、左腳要跨幾度、站到哪一顆大石頭，他們還配給我兩位男同學做為貼身隨扈，一旦感覺我失去重心有點踉蹌不穩，男同學就要趕緊朝我可能摔下的地方飛撲。

當我們大汗淋漓，甚至那兩個男同學滿身是傷，我們終於一起伸手摸到了清涼的海水，全部的同學圍著我歡呼：「朱芯儀，妳看，妳真的做到了！」那時的我，淚水再也止不住，我哭的，不是為了自己終於達陣成功的驕傲，而是感動於這群，我原本高傲的看不起、卻又滿心羨慕的同學。

到底是誰在幫誰？

事後，老師偷偷帶我進入教師辦公室，打開我們那組的報告，把同學的心得一一唸給我聽，我再次決堤。每個人都寫著自己是如何幫助芯儀，克服了多少障礙，甚至在我們以升學為目標的重點高中裡，那些學業低成就而覺得自卑的同學們，透過這次機會肯定了自己的價值，還有許多人因為這樣的經驗而想要考助人科系呢！

那些眼淚，是自己突然恍然的領悟，是真誠的感謝，是對自己過去的哀悼和懺悔。以前我總認為「施比受有福」，真正有能力的人應該是一個付出的人，但原來堅持只願當個手心向下，而不願求助或被幫助的人，只是想要透過給予的過程，感覺自己有多強，但連表面上看來是被別人幫助的我，同時也透過這個經驗在幫助他們，讓他們再次肯定自己的價值與意義。

一個人可以走得快，但一群人才能走得很長、很遠、很久。我得謙卑的承認，如果想要達成願望，必須藉助那麼多人的幫忙，讓他們成為我的眼睛和手腳，他們的成功就是我的勝利。如果我要好，我也要讓別人變得更好，因為，人和人之間沒有誰在幫助誰，而是這麼緊緊相連，是互惠，是合作，是你幫我來幫你，我也幫你來幫我，這才是這個世界的運轉規則。

芯言心語

如果一個人總是求助，等著被幫助，那是依賴；如果不願接受任何恩惠，堅持要手心向下才是對的，那是好強，是固執，是自尊和面子在作祟，而施比受有福好像也正是社會極力吹捧的價值觀，然而，有許多人在空窗期或退休等賦閒在家時，憂鬱、失眠、焦慮全都跑出來了，因為我們每個人都需要「被需要」的感覺啊！弱者不是只能得到，強者不是只能付出，到底是誰在幫助誰呢？

現代心理學之父阿德勒(AlfredAdler)認為：「社會與趣」(socialinterest)是一個人是否心理健康的最重要指標，阿德勒認為，**如果一個人和社會斷了連結，那他所有的言行都失去了意義**，我們需要知道自己是對別人有用處的，需要相信我們有需要時別人也會伸出援手，並且找到自己在人與人之間合宜且安身的位置。

求助、被助、給人幫助，根本就是同一回事，在求助的時候，給予別人一個機會進入我的生命裡，共同創造更多的美好；當被幫助，我真誠的回應感謝和祝福，享受著人與人之間的溫暖；而當可以給人幫助，是他願意給我這個榮幸貢獻自己，成全我更能感覺到自我價值與榮耀。得到和付出，接受和給予，並沒有明顯的界線，因為，**世界不是繞著我，也不是繞著你，而是繞著大家一起**，才能生生不息的繼續轉動。

Lesson 2-2

面對自卑 把眼睛拿回來

「比較」是自卑感最大的來源，「比較」只是一個楷模、一種學習方向、一點自我評估的參考，而不是人生角逐的戰場。獲得真正的自信，就是把總是向外看的眼睛拿回自己身上，是奠基在對自己的探索和了解上。

我拿什麼跟別人比

高中一年級，逐漸接納了自己就是個視障者，但心裡仍有一個過不去的痛。面對以前的朋友，我好需要有人探視和慰問，告訴我他們還是以我為榮，還是尊重我一如以往。但每當他們來，我外表裝的若無其事，卻在心裡用力把這些溫暖推開，因為這些關心就像是滾燙的火，灼燒著我高傲的心，就像我以前也會看不起別人一樣，內心的小劇場總上演一幕幕被恥笑的不安好心，可憐的同情眼神，還有大家紛紛私下八卦我是不是前世造了什麼孽的閒言閒語。

而面對現在新交的朋友，我的自卑更加沉重。以前的我，學業名列前茅，體育、音樂、美術樣樣精通，甚至在各縣市推派最強人選，競爭激烈的科學展覽中，都勇奪全國第一名。我是如此會幹掉別人，所有人都是手下敗將，可是現在，怎麼只要有好手、好腳、好眼睛就幹掉我了，別人可以做到所有我不能做的事。每次想到自己，反觀別人，都再次痛心這樣的無能，我差勁透了，我拿什麼跟別人比。

可怕的夢魘

一開始，我學習用點字摸讀應試，才摸完兩題，就已經聽到下課鐘響，眼睜睜的看著考卷被收回；我死命的練習，加快點字摸讀的速度，但任憑我多著急，這些字母就是組不成單字，這些注音就是排列不成我能理解的句子，不懂就是不懂，我品嚐到前所未有的挫敗；最後，我放棄了，填空或問答題一律看都不看，遇到選擇題時，不經過大腦思考，胡亂填寫聽說命中率最高的C……，居然一個自命不凡的常勝軍會變成這樣，真是我的奇恥大辱。

而課外的那些活動，我更是無法奢望，不只因為半邊肢體不靈活，總會像嗑藥或酒醉般搖搖晃晃，而且右腳的反應永遠跟不上左腳，就算簡單輕鬆的慢跑都十分踉蹌。

其中，游泳課曾是我的最愛，現在卻是我的最怕，因為之前長期臥病在床，造成心肺功能異常低落，連上個樓梯都氣喘吁吁，彷彿喉嚨可以咳出血來，以前輕而易舉的吸氣、憋氣、換氣如今都變成了不可承受的負擔。

每次上游泳課時，我就會乖巧的坐在看台上，跟老師說：「報告老師，我生理期來了，不能下水。」老師原本不疑有他的立馬同意，但隨著次數愈來愈多，忍不住問我：「你的生理期是不是每次都來的太湊巧了！」，我裝無辜的說：「沒辦法，它比較亂！」。直到老師終於感到太誇張了，問：「朱芯儀，那妳的生理期什麼時候結束？」，我也豁出去的說：「如果老師不上游泳課，我的生理期就會結束了！」。雖然這是我自以為幽默的防衛，卻每當說出口的同時，也在嘲笑自己的無能，怎麼那麼不中用，連游泳也害怕！

學業和課外活動的低成就，已經讓我羞愧，人和人的矛盾更是讓人痛心。我好想跟人靠近，打入同學們的圈子裡，但每當有人與我靠近，我們雙方都有著太大的心理壓力，我不敢主動、不能坦然的說自己的狀況，更不能自在的跟人互動，而同學們，不知道說了什麼會刺傷我脆弱的心，想要幫忙但又不敢問，也擔心一下幫、一下不幫可能又會有人說他們歧視，所以乾脆大家都跟我保持距離以策安全。

智慧藏在收音機裡

當我又一次，回家坐在點字打字機前，播放著老師授課時我錄下的錄音帶，一行一行的敲擊下補充講解的筆記，但腦中更多的畫面，是想當年用紅筆、綠筆、螢光筆輕鬆快速畫下重點，還能用小字在旁附註的情景，哪像我現在還要回家聽錄音帶，再費力辛苦的打成筆記！突然，一陣不耐煩湧出，我暫停手邊的工作，生氣的大吼一聲：「我到底在幹嘛啊！」，眼淚就一行行的撲簌簌流了下來。

不知過了多久，哭的好累，我打開了桌上的收音機，廣播是那時唯一的休閒娛樂，爬到床上想靜靜的躺一會兒。究竟是哪一個頻道？哪一位主持人？哪一個心理專家？都已經不可考了，只記得介紹的是當年侯文詠的暢銷書《做個健康快樂的智慧人》。

迷迷糊糊中，一句話穿過我的耳膜，反覆在腦海中盤旋，那個心理專家說：「如果你覺得自己自卑到不行了，那就『和自己比較』吧！」這句話似乎是老生常談，但卻是第一次真正進入我的心裡，比較的對象是自己嗎？會有用嗎？試試看吧！

與自己比較

每次心神又飄去看到、聽到或想到其他人，他們可以做什麼，而我不行，我會趕快把頭搖一搖，跟自己說，那是他們的事，不是我的事。而我的事是什麼呢？是每天臨睡前，都會問自己的這個問題：「朱芯儀，今天的妳比昨天的妳多會了什麼？」

就是這個問題，讓我開始把眼睛拿回自己身上，專注的數算每天的進展。不得不承認，有時我也好想偷懶，尤其是一開始問自己時，太習慣在意別人眼光的我常苦思良久，才硬擠出一個進展，而且覺得那麼一點點不同根本不值一提，比起別人差太遠了！但隨著愈來愈能夠關注自己，我就像是個撿糖果的小孩，愈撿愈多，也愈來愈快樂，到最後你要我停下來還捨不得呢！數學多會了兩題、英文多會背了五個單字、點字摸讀速度一分鐘多讀懂了三個字、憋氣多了兩秒鐘，甚至連今天主動和人打招呼、多跟一個人認識、又讓一個人更願意靠近我……，點點滴滴，都是我的進步。

不再看別人，專注在自己身上；不再悲嘆失去，更擴大自己的進步。當我堅定的日復一日這麼做，每天還是會遇到許多做不了的挫折，但我不只感受到那些無力，更用力的感受自己每天都在前進，而且還有好多潛力可以更不一樣，堅定的繼續當個給自己加油打氣的啦啦隊。

高中畢業時，我以全班第一名之姿拿到市長獎，游泳比賽女子組自由式50公尺、蛙式25公尺的總冠軍，而我的好朋友，更是不計其數，還當選了全校票選的優良學生。對我來說，名次早已經不是刻意追求的目標，知道自己在哪些方面有優勢、有潛能，擁有不斷發掘和突破的勇氣，這才是真正的自信。

回想以前的我，只是盲目玩著老鼠賽跑的遊戲，我是那隻頭好壯壯的老鼠，要把別人踩在腳底下，希望每個人都說我好棒，好證明自己有多麼厲害，但原來，那只是一種患得患失的「優越感」，爽了一下子，卻是一點也不快樂，今天我贏了，明天呢？會不會有人比我更強？我會不會出什麼差錯？下次能不能表現更亮眼？風光的外表下卻是更多患得患失的焦慮與壓力。

將眼光移回自己身上，沒想到，進展會不停轉動，我不僅找到了真正的自信，還因為不斷超越自己，更享受所踏出的每一步，更熱愛活著的每一天。

芯言心語

「比較」就是自卑感最大的來源，為什麼我們那麼在意別人眼光？其實，我們從未脫離過自我中心，不是真的在乎他們，而是計較別人怎麼看我、怎麼說我、有沒有覺得我是好的，因**為我們一直透過比較來感覺自己是否強大，然而，說穿了，那只是會讓人感覺患得患失的優越感**，根本不是自信。

西方現代哲學的奠基人笛卡爾(Ren Descartes)說：「你不能教會一個人任何東西，你只能幫助他發現他內心本來就有的東西。」是的，我們為什麼不但不去發現自己，還要硬塞那些屬於別人的東西呢？**真正的自信，是奠基在對自己的探索和了解上**，就像一個觀察者般：我做得到什麼？做不到什麼？哪些是目前暫時無解的？哪些是有嘗試潛力的？我的特質、優缺點是什麼？我是怎麼思考和判斷的？我是怎麼處理情緒的？我的人生要的到底是什麼？從自我探索開始，在自己的獨特上繼續精進，「比較」只是一個楷模、一種學習方向、一點自我評估的參考，而不是人生角逐的戰場。

我終於明白：人與人不是打擂台賽，不是你輸我贏的，因為每個人都是那麼獨特，到底有什麼好比的？**獲得真正的自信，就是把總是向外看的眼睛拿回自己身上**，從探索每一個起心動念，從每一次的嘗試突破中堆砌而成，那是紮紮實實的、那是自然不硬矜出來的，那是別人奪不走也拿不去的，那個自信，真正就是屬於自己的！

Lesson 2-3

面對差異 雙贏的聖誕節

面對關係中的差異，不只是多學技巧或增進知識的向外尋求而已，更重要的是，找到自己真正看重的，從每段親密關係中自我探索的向內看開始。

親手做禮物

送禮真是門學問，不管禮有多重多輕、多大多小，那種把你惦記在心裡的思念和珍惜才是最可貴的，即便現在已經忙碌到沒辦法親手製作每場演講後有獎徵答的小禮，我還是堅持要使用其他視障朋友做的串珠、珍珠帶、中國結等等來傳達我無法言說的心意。

天真爛漫的大二，第一次交男朋友，更是第一年要度過兩人一起的聖誕節。為了那天，我三個月前就開始請同學陪我採買各種顏色的皺紋紙和花材，每天抽時間摺花，摺了又拆，拆了又摺，直到自己滿意為止，再去花店挑選包裝紙，請店員專業地包成精美的花束。

要如何把這禮輕情意卻超重的禮物拿給他呢？在同學們的腦力激盪下，我先跟餐廳老闆說好，等我發出要上廁所的暗號時，老闆便自然的帶我離開，並偷偷把花束交給我，我再捧著那束美麗的花走出來。說定了，一切都是那麼的完美。

當聖誕夜來臨，我們正在燭光下品味著聖誕大餐，一切都完全按照計畫進行，但當我雙手捧花，現實怎麼跟我想像的這麼不一樣？我絲毫沒等到任何驚喜的表情或語氣，沒有甜密的擁抱，更沒有他精心準備任何東西的回禮，只有淡淡的一句：「妳不是已經很忙了，還花那麼多時間做這個幹什麼？」。我坐回原位，食不下嚥的看著隨手被擱在一旁的花束；而他，一切如常的吃完了那頓大餐，騎上摩托車，半推半就的把那束花帶了回家。

每當來到他家，看著那被束之高閣的花，只能等待積灰塵，我不明白，為什麼會這樣？是我摺的花不好看？是不該送男生花？是他不珍惜我的心意？我大聲爭吵，罵他怎麼一點都不羅曼蒂克，氣他怎麼那麼不解風情；而他，只是輕聲的一句回應：「我有希望妳送禮物嗎？我有說我喜歡花嗎？都是妳自以為的。」重擊在我心上。

接納原原本本的他

跟一位忘年之交的閨密訴苦，她靜靜的聽著我抱怨那根大木頭有多麼不解風情，然後，緩緩的說：「妳喜歡的他未必喜歡，他想要的妳也未必想要，這不是很正常嗎？如果你們兩人都一樣，那有什麼好磨合的？」

捫心自問，他整天與機械動力為伍，我卻連一句理工科專業術語都不想懂，他喜歡拍日出的陽明山，可是我最討厭早起，總是找一堆理由搪塞；他吃素，我想吃肉；他愛爬山，我卻不愛運動後的汗流浹背……

是的，我承認，這一切都是我的自以為，我以為收到別人親手做的禮物應該會非常開心的，但他不是；我以為無論是什麼樣的東西，只要是我送的，他都會很珍惜，但他不是；我以為即便不喜歡，別人也會因我而改變，但他不是。因為我原本認識的他，就是那個理性又務實的人，是我在希望他改變。這不是誰對誰錯，更不是愛不愛的問題，而是每個人就是那麼不同。

臨走時，閨密抱抱好像想通了點什麼的我，又再補上一句：「想一想，這個不同真有那麼重要嗎？這段愛情，對妳真正最重要的是什麼？」。

雙贏的聖誕禮物！

隔年聖誕節，我的手又癢了，我一點都不想委屈自己不去動手做禮物，也不想委屈他接收不想收到的東西，但更希望的是，這一份禮物，如何能尊重彼此的喜好、個性和想要，過一個兩人都十分開心的聖誕節呢？

我去學校旁的文具行買了一些紅色和綠色的不織布，先剪下襪子的形狀，再沿著要縫的邊線貼上膠帶，用穿針器把線穿在針上，手摸著膠帶與不織布的交接處，延著邊緣縫在一起，再綁上緞帶，黏上小鈴鐺，真好，這是超級可愛的一對紅綠聖誕襪。

我不期待他會欣賞，因為這本來就是為自己做的，是我喜歡，看著那對成品就彷彿看到自己滿滿的心意；然後，放了一張，雖然我不愛聽，他卻很喜歡的CD專輯在襪子裡。

聖誕夜的晚餐，在家煮著火鍋。果不其然，他看到我雙手捧出聖誕襪時，並沒有任何高興的表示，但當伸手取出裡面的專輯，他先是驚喜的歡呼了一聲，邊用最快的速度拆開外包裝，邊跑到電腦桌前，取出CD後，緊張的手握滑鼠、盯著螢幕，直到流洩出他最愛的歌曲。然後，滿意的跺回我身邊，溫柔的說了聲謝謝。

依然沒有驚喜我手作的禮物，依然沒有浪漫的暖心話語，依然沒有回送任何小禮；但我確信，他一定能完全感受到我的心意，我確定他喜歡今年的禮物。聽著這屋裡的音樂，我一點都不欣賞這種曲風的歌，但看著他開心的樣子，我也覺得好滿足。

原來，我覺得最重要的，是回到兩人關係的本質，能互相理解、彼此信任、被接納、安心的感覺，我最想要的，就是我們一起過了一個幸福而溫暖的聖誕節。

芯言心語

有一種冷叫做「媽媽覺得你會冷」，有一種好叫做「我這樣都是為你好」，也有一種愛叫做「因為我愛，所以你也要愛」。在一般的人際關係裡，心理距離能提醒我們要相互尊重，但在親密關係裡，因為他的成就就代表你的價值，他的情緒就是我的感受，不論是親子、戀人、夫妻或手足，這種尊重彼此差異的界線逐漸變得模糊。

我們難以承認有時候表面打著都是為你好的招牌，卻是活在自己世界裡的一廂情願，無法接納其實早就發現，那個原原本本的他，跟我們自以為想的根本不一樣，總以為將心比心，但卻是用自己的心再套對方的心。

幫助自己可以更坦然接納原本的他，就是更清楚知道什麼是自

己在關係中想要的？什麼是最重要的？因為我們了解自己真正在意的是什麼，要用力的是什麼，才有辦法鬆開凡事希望他按自己想的去走的欲望。而這樣的自我覺察就像探索合適的工作一樣，嘗試過、犯錯過、反省過，我們才能愈來愈明白，所以失戀了，不代表你是輸家，而是一步步更靠近在關係中的自己，你才是贏家。

知名暢銷作家劉墉曾說：「接納差異才是愛的真諦。」關係裡重要的事實在太多，可是牙齒都會咬到舌頭，再美好的關係也不可能沒有差異，不是一昧的配合、容忍、息事寧人，而是先抓到什麼是真正重要的，其他的事則學習著包容、釋然、平心靜氣的溝通。

原來面對關係中的差異，不只是多學技巧或增進知識的向外尋求而已，更重要的是，找到自己真正看重的，從每段親密關係中自我探索的向內看開始。

Lesson 2-4

面對分離 黑與白並存

面對生命中無可避免的無常，悲傷、難過、遺憾，甚至憤怒或自責的情緒都是必然來臨的，很多時候問題無法解決，也不需要解決，接納和允許黑色與白色同時存在的自己，當黑色退去，我也能活出白色的自己。

寫給大家的分手信

原本以為日子就會這樣一天天過去，從熱戀的瘋狂、磨合的為難到平凡的幸福，五年的感情，在大家都訝異不已的閃電速度下，碩士班一年級時確定分手了。

第一天的我，哭喊著自己不能失去他；第二天，開始思考：硬要留住真的會帶來幸福嗎？第三天，雖然內心還是如此痛苦，但已經不再掙扎，我知道，放手的時間到了！

「哈囉！親愛的大家啊！你們好嗎？

我知道，你們一直都是關心我的，我真的很幸福，所以，在問我之前，我想先把最近我的狀況告訴你們！

我上個星期與他分手了！

很意外嗎？我也很意外，

…………

現在的我，對這件事沒有生氣，也沒有恨，

只是有著很深刻的遺憾。

這一段緣份盡了，

但我很感謝這五年有他的陪伴，

我是幸福也是幸運的，

這是一個對彼此都好的善緣，這就夠了。

我很開心，自己沒有放棄過朋友，沒有放棄過我的生活，分手雖然很痛，可是它也只是我人生的一部分，所以我還過得下去，

請別擔心，我會好好照顧自己的！

但這也不表示，我沒有情感，

我不習慣告訴別人我有多糟，

非常歡迎大家問我這件事，如果寫得不清楚，或是你們有任何話想跟我說，我都會將之視為真誠的關心，感謝的接受，

不過，也請大家要先有心理準備，要承受得住我的眼淚哦！

芯儀」

主動發一封長信給每一位愛我的、我愛的、也知道我們的人，敞開分手的過程和我現在的狀態，免得彼此尷尬的互相猜測，是我在分手後第三天作出的選擇。

關心問候如雪片飛來，出乎我意料的，大家詢問的，不只是分手的過程和心理的狀態，更多是充滿驚訝與困惑，為何我在即將溺斃的情緒波濤下，還能如此理智平靜的看待這五年付出的感情？

我到底是怎麼看待感情？面對分手？和情緒相處？除了當局者迷的痛，我也想要跳出來看看自己。

關係是吸引而不是抓取

小小的我就像是媽媽的黏皮糖，她走到哪裡，哪裡就會有我的出現，不論辦公室、戶外郊遊、居酒屋、卡拉OK……，而大人們的世界，那些應酬溝通、應對進退、心情點滴，就像是我的遊樂園，雖然總是聽不太懂，但是穿梭其中就覺得好有趣。

也就因為這樣，幼時的我就已看到了在感情這舞台上演一齣齣你追我逃的悲喜劇，有人費心追查行蹤，就有人變本加厲的撒謊；有人嚴密管控金錢，就有人使盡渾身解數找各種藉口逃脫，不論上有如何嚴格控管的政策，下就會有巧妙欺瞞的對策，他們本來很相愛，為什麼會變成這樣？人和人之間要如何才能一直在一起呢？

與媽媽站在二樓陽台上賞月談天時，一位男子疲累的聲音從對街傳上來：「喂！老婆啊！我今天工作出差，回不去了！對啊！工作真是太忙了，累死了啊！」，小學的我低頭尋聲望去，汽車旅館的一樓公共電話旁，一個男子邊講電話，邊親熱的摟著穿著暴露的年輕女郎。不可思議的看著這一幕，媽媽說：「當一個人的心不在了，你用金鍊子、銀鍊子都栓不住，反而會像皮球一樣，你愈是壓他、管他、想控制他，他卻愈彈愈高。」

從還對感情一知半解的時候，我就已然領會——關係的維持，最重要的不是抓取，而是吸引。如果兩人之間的吸引力已然不在，或被其他人所吸引時，什麼都栓不住那顆心，如果他要改變，是自動願意改變，而不是被我強迫的；如果他要回來，也是自己想回來，而不是被我抓回來。費力去諜對諜的追查，只會換來自己更多的傷，唯有他喜歡、他自願、他甘心，我才有可能把這段關係吸住。

面對感情，當我明白，與前男友的吸引被其他東西取代，這段關係的根本已然不存在，我所能做的，只是確定他的心意，然後決定我自己要怎麼走，很痛，當分叉路到了，我不再用力了。

能接受分手就能談戀愛

大學一年級，剛從失明谷底爬出不到四年，還在惶恐地自我懷疑，雖然已經有迂迴確認過彼此心意的對象，我仍猶豫著不敢承諾跳入粉紅夢境。

一天，與爸爸勾著手，走在昏黃街上，我扭扭捏捏的問：「爸，你覺得我可以談戀愛了嗎？」，爸爸先是愣了一會兒，然後一派輕鬆，以再平常不過的語氣回答：「當然可以，只要妳能接受失戀，就能談戀愛。」我翻了個大白眼：「是怎樣？不希望我談你就直說，幹嘛我還沒談，你就詛咒我啊？」

爸爸看似開玩笑的潑冷水，讓我對他擺了好一陣子的臭臉，但卻也開始了解，不是要問可不可以提起來，而是能不能夠放得下。在開始戀愛前先學習分手，是為了讓我們意識到感情可能會有結束的那一天，更需要在過程中用心經營、好好珍惜，不留下後悔和遺憾。

這五年，我不是等著失戀，而是如果路已到盡頭，也能接受分手，深愛過、擁有過、體會過，而後，我也可以瀟灑放下，我不是原來的我，是經過愛的洗禮而更成熟的我。

面對分手，那封長信，是我對感情的哀悼儀式，就如同告別式般，我邊寫邊哭，邊哭邊想，當信件寄出的那一刻，也是我真正在理智上與這段感情說再見的時候。

安放理智，接納情緒

本來十分高興，才碩一的年紀，就應國際道德重整協會之邀，遠赴馬來西亞分享面對失明的生命故事；但現在的我，有的卻是擔心，即使我決定不再對這段關係用力，也接受本就有可能發生的分手，理智上已經安放了，媽媽也會全程陪同，但一直到出發前一天，我都還常會關在廁所裡嚎啕大哭。

五天四夜的朝夕相處，媽媽說我好像在演四川的國粹——變臉。在飯店房間裡或跟媽媽單獨在一起時，我就像個活死人，完全無精打采，哭的亂七八糟，每天晚上都是因哭累了而睡著，夢裡還出現懸崖、大樓倒塌、鬼怪追殺的驚悚劇情，跟那個「很受傷的自己」緊緊黏在一起；然而，一出飯店，我的情緒好轉，容光煥發，完全恢復成本來的樣子，開朗的面對人群、三八的與人們笑鬧、熱情的上台分享，跟「很陽光」的自己相遇；然後，一關上房門，我又掉到深不見底的黑洞裡，想到他，想到分手，淚如雨下。

我曾懷疑自己是不是太逞強，為什麼要矜成那個樣子，學心理輔導更讓我胡思亂想，是不是人格分裂了，惶恐這樣壓抑下來的情緒，反撲的力量會更大，但我發現不是的。當情緒猛烈拍打上來時，我就允許自己承受，任憑潮水淹沒，呼天搶地卻停留在那樣的悲傷裡。但當情緒沒有襲來時，那個充滿自信、能量和生產力的自己又復活了，還是忙著接案、忙著演講、忙著玩。

只是喜歡那個充滿白色的我，也接納那個黑色的自己，沒有虛偽、沒有強迫、沒有假裝，他們都是我身上的一部份，允許他們真實而自在的呈現，就只是這樣靜靜地看著，卻發現情緒也越來越平穩了，它不會突然激起一個大浪花，打得我人仰馬翻，也不會在我投入工作時突然排山倒海而來；而是當我休息或與他人分享心情的時候，才會慢慢的湧現。

與情緒相處，我只是看著它來來去去，但因為早已體會吸引才是感情持續的關鍵，也領悟戀愛的結局可能是分手，我穩穩的先放好這樣的理智，然後，不壓抑、否認或抵抗，用接納和允許，讓情緒慢慢跟上，這也正是療癒和復原的開始。

芯言心語

謝謝媽媽從小就教導了我，**感情是吸引而不是抓取**。如果他已然決意離開，我只能決定，我是要留在原地，繼續努力散發吸引力等待他，還是好聚好散，轉身踏上另一段生命旅程。

謝謝爸爸提前讓我知道，當選擇投入的時候，其實也選擇了可能承擔這樣的痛；**在享有的同時，也必須冒著失去的風險**；決定好好賭一把，也要先能接受有認賠殺出的一天。

很多人都說，情緒如果沒有先被處理，理智是出不來的，沒有錯，十六世紀荷蘭哲學家伊拉斯莫斯(DesideriusErasmus)認為，情緒跟理性的力量是24比1，雖然沒辦法以研究証實，但情緒的力量遠遠強於理智是無庸質疑的，當情緒發作，理智想要壓抑和制伏，只是更加失控而已。

但是，我也有個深深的體會，**看似情緒和理智是對立不相融的，但其實卻是可以互相合作和幫助的。**面對如分離那麼難以消化的情緒，一層一層在我心上堆砌出的觀念，那些看待感情、接受分手的理智，讓這些情緒更有方向感的知道要往哪裡流動。人們常說：「我知道要這樣做，可是我就是做不到~」，若你已然想通、領悟、看清，**先穩穩地安放好自己的理智，然後用接納和允許，給予情緒起承轉合的時間，允許這樣的難受，接納就只能承受，你會發現，不是做不到，只是你需要等待，情緒會慢慢跟上。**

面對生命中無可避免的無常，悲傷、難過、遺憾，甚至憤怒或自責的情緒都是必然來臨的，**很多時候問題無法解決，也不需要解決，**陰暗與明亮、負面或正向、理智與情緒，都是我的一部份，我接納黑色與白色同時存在的自己，當黑色湧現時，我允許自己沉浸其中；當黑色退去，我也能活出白色的自己。

Lesson 2-5

面對承諾 讓價值發光

如果，你還沒遇上一個對的人，先問問自己覺得對方最重要的價值在哪？然後，挖掘、培養並創造自己的價值，更自我肯定的尋覓那個能讓彼此發光的人吧！

月老牽線的緣份

愛情是浪漫卻也是現實的，我自認是個不難相處的朋友，親近的異性並不少，但當他們考量到我的視障，卻總是止於欣賞，而不會動念有進一步發展的可能，別說是婚姻市場，在愛情市場上乏人問津是必然的結局。雖然心中偶有惆悵，但換個角度想，這樣的門檻，也幫助我過濾了那些玩玩而已、不負責任、不成熟的人，不也是不錯的事？

十年前，需要為新家重新裝潢符合我們需求的設計，研究所時因某堂課的旁聽而幾乎每週來為我報讀的忘年之交，正好過去是建築系的，介紹了一位他的好友為我們室內設計；而這位室內設計師不只不厭其煩的來回溝通全家每一個人的需求、注意所有細節和時間進度，還為我們的荷包精打細算，我們怎麼那麼有福氣，找到一位這麼好的設計師！

一天，他陪同我們母女倆在某大型連鎖家具行採買完，坐在休息室裡喝著咖啡，看著媽媽笑顏逐開的表情，設計師問：「朱媽媽，一切都慢慢就緒了，還有什麼遺憾嗎？」我想，設計師應該是在問裝潢和空間使用上還有哪裡需要修改吧！媽媽帶著笑意但長嘆一口氣說：「朱媽媽現在什麼都有了，很滿足，但就是這個女兒，都已經三十幾了，還沒有對象，你有沒有什麼庫存，幫她介紹一下吧！」聽到這句話，我才剛入口的咖啡差點就噴出。

設計師一臉認真的問：「那朱媽媽，請問您有什麼樣的條件呢？」我的內心驚呼：什麼？他認真的啊！而這位我最愛的女人，更是在思考片刻後，正經的伸出手指比劃：「第一，是個男的；第二，是個男的；第三，是個活的男人！」設計師像領到聖旨般說：「好的，我找找，再跟您回報！」

我看看她，再看看他，盡我可能的翻著大白眼說：「你們在上演哪一齣啊？」然後，就在我們的大笑不止聲中結束我以為的一場鬧劇。

我最看重的三個價值

在一樣輕鬆的氣氛下，又不知怎的聊到我的終身大事，設計師好像是使命必達的劍客，恭敬的向媽媽稟報，他已經為我物色好合適人選，會以email的方式與我聯絡，並再三保證，雖然對方長我14歲，離過一次婚，但這庫存絕對不是瑕疵品，而是他珍藏多年的精品。

什麼年代了，還有人交筆友？是的，我們就像古早人類一樣，email的書信往返了一個多月，感受到彼此的誠意，也對家庭、工作、生活狀況大致了解，才相約見面。之後，相處不到半年，我們決定開始正式交往。

第二次談戀愛，我不想再迷迷糊糊被愛情沖昏了頭，但是別人都說要睜大眼睛看，那要看什麼呢？從自己的親身經歷、聽別人的故事或看電影戲劇等，都讓我愈來愈明確的知道，有錢、體貼、浪漫、帥氣等等都很重要，但卻都不是最重要的。

首先，我需要他有好的品格，沒有任何壞心眼想要害人或傷人，我才能完全放心分享喜怒哀樂，甚至未來連財物都一起共享；而他，寧可自己吃虧也不會企圖佔人便宜，寧願先自己反省檢討也不會先攻擊人。第二，因為很確定自己要的就是一段安穩經營下去的感情，我需要他經過社會歷練以後，也跟我一樣確定這樣的感情真的是他想要用心守護的，所以在交往過程中，我不停從各方面試探，在各種小細節裡旁敲側擊，一個溫暖安定的家的確是他渴望的。最後，就要看衝突處理能力了，既使再怎麼好的兩個人，也會有意見不一致的時候，所以，每一次衝突時，我除了氣急攻心的用力大吵，也在觀察他到底是如何面對衝突的，如果他跟其他人有衝突時，更是我重要的判斷依據，我發現他不會以和為貴的討好，也不會息事寧人的敷衍，更不會得理不饒人的咄咄逼人，而能站在彼此的立場上建設性的溝通，能退讓也能堅持，希望取得彼此都能接受的共識。

在世俗的價值觀裡，可能他並不是最好選擇，但對我來說，他卻是稀有罕見的績優股，因為我最看重的價值：好品格、明白自己要什麼，以及溝通和衝突處理能力，在我拿著放大鏡的觀察下，他都allpass了！

我值得一段婚姻嗎？

一年多後，他不經意的問：「妳什麼時候要當我老婆啊？」這算是求婚嗎？我翻了個大白眼：「如果是求婚，最起碼也要一束花、鑽戒和單膝下跪吧！連續劇上不都是這樣演的？」我不正經的玩鬧著，平靜的心湖卻開始緊張慌亂了起來。

洗衣燒菜，一點也不擅長；整理家務，完全沒有興趣，除了熱愛的工作還可以賺點錢外，娶我當老婆好像真是沒什麼好處；更重要的是，我的眼睛看不見，婚姻最重要的不就是互相照顧、彼此幫助，而我又能照顧他什麼、幫他什麼呢？我知道，自己本來就是想要進入這種有承諾的關係中的，但是，認真站在婚姻面前，我居然怯步了，已經很久沒有嚐過這種苦澀的味道，但內心深深的自卑又被勾起，我有資格嗎？我配得上嗎？我可以稱職的做一位好太太嗎？

一天，他說要去附近的家樂福買些日用品，我一個人待在他家中，要做什麼呢？腦中靈光一閃，現在不是正在進行黑暗對話培訓師的培訓嗎？如何用我僅有單邊聽力的耳朵辨認音源方向是最大的難題，我何不用這時間來訓練自己？邊欣喜自己的積極進取，邊打開電視機，坐在轉轉椅上，閉上眼睛開始旋轉。

轉著轉著，我的耳朵疲乏，精神也難以集中，突然一陣生理需求襲來，我站起身大步朝廁所的方向前進，但沒想到腦子裡的平衡感卻還在轉不停，一個踉蹌，我的頭重重的撞上了桌腳，還來不及感覺痛，只是下意識的伸手朝後腦勺摸去，黏呼呼的液體不斷湧出，我閃過國中健康教育課上所教的加壓止血法，取來毛巾死命的用力按在傷口處，但是怎麼染紅了第二條毛巾，手指的觸感卻告訴我湧出的鮮血絲毫沒有停止的意思？

我趕忙拿起手機，請他趕快回來。當他衝進家門，一連串的行動就像畫面快轉般：到路邊攔計程車、扶半昏的我進急診室、填寫資料、協助人手不足的護士壓著我打麻醉後縫合、推病床去照各種X光確認有沒有腦震盪、看點滴瓶是否空了，最後是批價領藥……

當我正起身下病床，腦中快速播放剛才的一幕幕，最痛楚的自卑被血淋淋的喚醒，我無奈的說：「你看，如果我生病或出意外，你可以這樣照顧我，可是，如果是你呢？我能照顧你嗎？不能，這些事我都做不到，如果你願意陪我，我們可以一直在一起，但我真的沒資格做你的太太！」

走出醫院，步入夜色中，他緊握著我的雙手說：「我有朋友、我有工作賺錢、我還有買保險，這些事他們都可以做，可是有一件事只有你能做，就是你要一直握著我的手！」

找出我無可取代的價值

「怎麼可能？當個太太就這麼簡單？」我一邊心虛的假笑，但也猛然回想當奶奶得知我正在交往的對象，是個大我14歲、離過婚，雖有穩定工作，卻沒房沒車，完全不算功成名就的人時，訝異、驚慌、無法接受全都爬滿了臉上。經過爸媽慢慢換個角度分析給奶奶聽：這些看似是缺點的不也正是成熟穩重、有社會歷練的優點嗎？也正因為這些經歷，才能帶給芯儀穩定可靠的未來啊！最後，奶奶也放下心來，坦然接納了。同樣的，我的自卑感會不會也是自以為想像出來的？視障根本沒被畫上重點，其他部份對他而言卻是萬中選一的呢？

開始有意識的觀察，發現有威嚴的他居然可以肆無忌憚的在我面前像孩子一樣耍賴，毫不掩飾的曝露自己內心的脆弱和傷痛，放心的讓我了解他的所有隱私資訊，我才驚覺，因為他的父母都在國中小時期就相繼去世，又曾經歷過破裂的感情和婚姻，他對於人和人之間，那種心與心的距離很敏感，對於安全和信任的需求十分迫切，而如果論洗衣燒菜、整理家務或給予實質的幫助，我一定立馬就被淘汰出局，但如果說到陪伴、傾聽、引導，這種心靈安穩踏實的力量，卻是我畢生都在培養，絕對可以自吹自擂的地方。原來，所謂「情人眼裡出西施」就是這個意思，不是真的多美、多棒、多優秀，而是那個他能提供，而我也正想要的價值在閃閃發光。

結婚登記前，爸媽在餐廳裡哪壺不開提哪壺，趁著觥籌交錯時發出最後一次警告：「想清楚哦！你真的要娶我女兒嗎？你老了以後她是沒有辦法照顧你的哦！」他舉杯笑著說：「我早就想過了，就算我不跟芯儀在一起，我老了還是沒有人會照顧我，但跟她在一起，至少我老了會有人陪伴我。」

芯言心語

為什麼他要離開我？為什麼我不被好好珍惜？也許是個性不合，也許是此時此刻的情境使然，但在關係裡，不論是熱情浪漫，還是穩重務實，不管是驚喜的禮物，還是無形的服務，彼此都各取所需，你**想要的他給不給得起，他想要的你做不做得到，才是關係長久的關鍵**，跟值不值得被愛、是不是個好人、會不會有美好的未來一點都沒有畫上等號。

他喜歡吃蘋果，但你是個高貴的水梨；你想要玫瑰，但他就愛當陪襯的滿天星。關係中呈現的就是我們的本來，**他不愛，並不代表你不好，你不喜歡，也不代表他是錯的**，俗話說：「王八看綠豆，愈看愈對眼」，**你的價值是不是他看重而珍惜的，他的價值是不是你欣賞而需要的**，面對未來長長久久的承諾，就只是如此而已。

如果，你還沒遇上一個對的人，先問問自己覺得對方最重要的價值在哪？然後，挖掘、培養並創造自己的價值，更自我肯定的尋覓那個能讓彼此發光的人吧！如果，你有緣份遇到想要的和能給的，正好能跟對方契合，那請不要在意那些枝微末節，別去計較那些小小的瑣事，別活在別人說感情應該要如何的嘴巴裡，好好珍惜和守護這得來不易的承諾，繼續讓價值在彼此的眼中閃閃發光吧！

Part 3

我與涯

專注於自己的路途，面對生命風暴時，堅毅地持續的成長，堅持持續向著成為想要的自己前進，走在獨一無二的旅程。

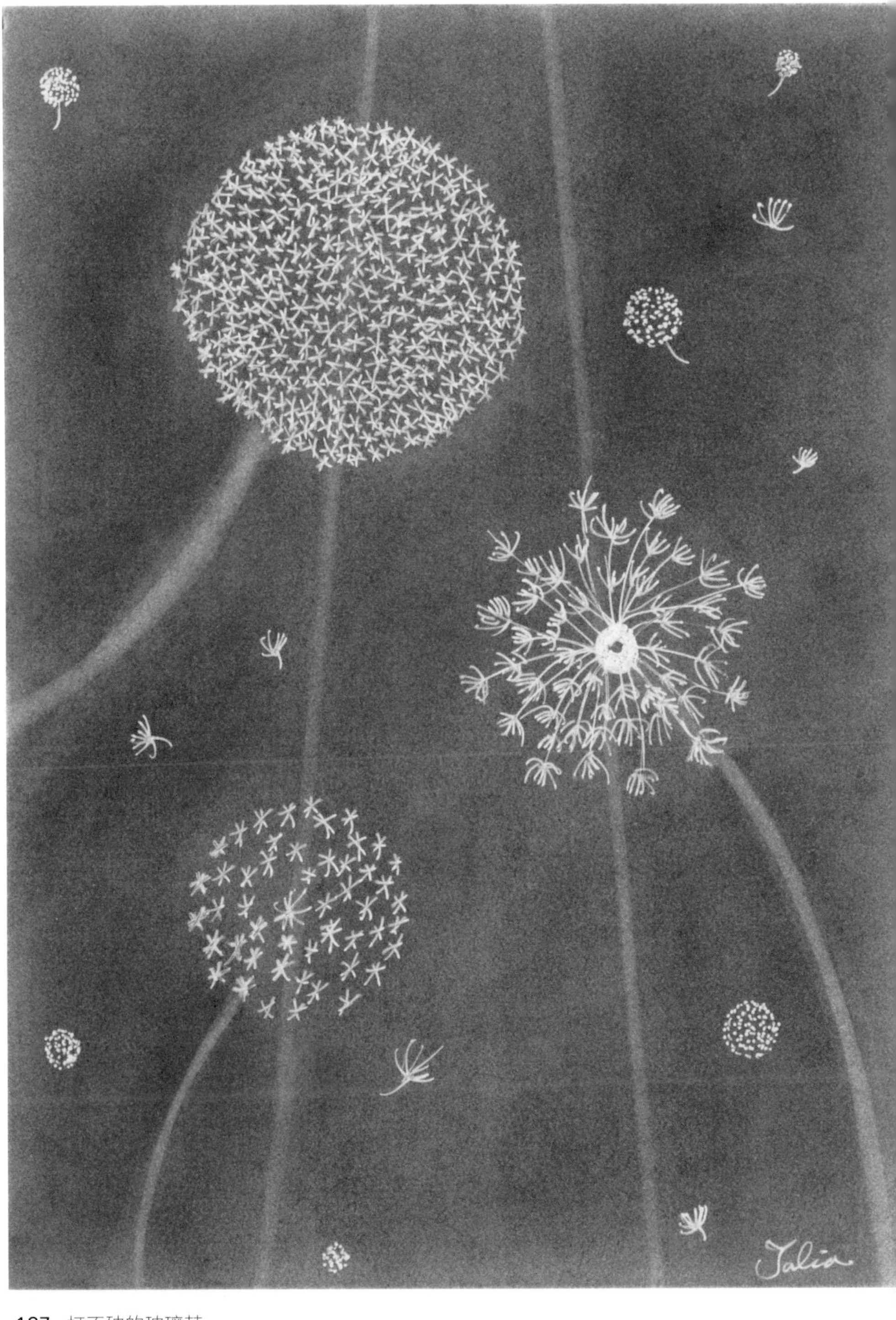
Talia

Lesson 3-1

面對自我設限

拿掉心中的透明蓋子

抱怨就像騎木馬，它會讓你有事可做，但不會往前進一步。到底是框架限制了我們，還是其實根本是我們限制了自己呢？

我的志願是？

高二下學期，同學們都在苦心思索自己未來的生涯規劃，我呢？能做些什麼呢？

小學寫「我的志願」，我想當一名在台上載歌載舞的動感創作型歌手，雖然失去視力後我仍舊喜歡唱歌跳舞，但肢體的不平衡和不協調都無法成就這個夢想，愈長大也愈清楚，我可以在KTV裡歡唱三小時，卻無法連續三天都保持這樣的熱情。

國中的我，擁有全國科展第一名的光環，那就成為一位醫生或是科學家好了，可是失明後，我既不能繪製人體或科學符號的圖表，也無法自行做實驗或操作顯微鏡，更重要的是，捫心自問，這些夢想說穿了也只是想證明給別人看的好強，根本不是真正想走的路啊！

人們說多數的盲人都從事按摩業，我也可以試試吧！可是肢體的缺乏敏感和靈活度，老天居然也把這條路封死了！

兩幕畫面讓心觸動

茫然無措的我跟父母、師長、同學討論著內心的焦慮，就這麼說著說著，兩幕畫面被勾起。

放學的打掃時間，我正在擦著教室窗台，一位要好的女同學大聲招呼：「芯儀拜拜，我要回家了，明天見！」我趕忙放下抹布，靠上前去低聲詢問：「妳今天還好嗎？怎麼感覺妳一整天都怪怪的，發生了什麼事嗎？」女同學掩住嘴，不可置信的說：「你怎麼會知道？我以為我隱藏的很好，都沒有人發現！」，邊說邊把我拉到幽靜的走廊上，啜泣訴說著親愛的奶奶昨日過世的消息，總是扮演女強人的她，不想讓同學們知道這種脆弱，但卻沒想到在我這裡破了功。看著好同學如此難過，我也感覺好揪心，但心裡居然升起一種見不得人的暗爽感覺，為什麼別人沒發現，我卻發現了呢？

因為視障身份，每次全校性的特教宣導，就是我半推半就被拉上講台的時刻。除了說明視障者需要什麼樣的協助，一般人可以如何幫忙我們之外，分享身為一個視障者一路走來的心路歷程更是不可少的橋段。當我用顫抖的雙腳走上講台，用緊張結巴的語氣分享時，卻感受到台下專注的氣氛，聽到許多啜泣的聲音；下了講台，同學與師長們更不只為我大力鼓掌按讚，也對只有幾面之緣的我敞開心房，訴說著自己的曾經，以及聽了我的分享後重燃起的信心，我好喜歡這種用生命感動生命的感覺。

對了！就是這個了！隨著回憶被喚醒，心又再次被觸動，結合我能敏感覺察他人情緒的能力、用生命互相影響的熱忱，就這麼決定了，我想要唸有關心理輔導與諮商的助人科系。

可以衝撞體制嗎？

但是，當時身心障礙甄試的學校科系中，只有彰化師大願意開放心輔系給視障生就讀。我才失明不到三年，難以想像從未離家過的我，居然為了夢想，一個人要去完全人生地不熟的地方，我才不要！

當我又再次抱怨：「為什麼身心障礙推甄開放的科系那麼少，我怎麼可能一個人去彰化？可是台北的這些又不太想唸，真討厭！」輔導主任突然說：「你去找台師大的心輔系主任啊，我認識，我來幫忙聯絡！」我的下巴猛然掉了下來，一點都沒有心理準備，雖然不是隨口說說，但不會真要我去找系主任毛遂自薦吧！

「我沒做過，真的可以嗎？會發生什麼？主任又不是特教老師，會不會罵我是視障為什麼不好好按摩，還在想東想西？會不會罵我還嘲笑我？還是他很嚴肅的直接說不可能？還是不要了！」這些OS在心中反反覆覆，比上台對著一千人演講還可怕數百倍。

那天，與爸爸一同前往師大心輔系，隨著每一步的踏出，心跳就快了一拍。腳也不聽使喚的想要往回飛奔，我一直安慰和鼓勵自己：「不要怕！什麼大風大浪沒見過，你不是已經準備充份了嗎？而且還有爸爸，怕什麼？」。

金主任和藹地請我們坐下，閒話家常般地聊著天，但我的思緒卻在這樣的緊張時刻啟動了自我保護機制，開始陷入恍惚。幾分鐘後，金主任結束了寒暄，開始發球也指定接球的人要是我本人，我為什麼失明？我會如何學習？我為何對心理輔導如此有興趣？逃無可逃，我的注意力被這些問題喚醒，因為不知已經在家裡沙盤推演過多少次，大腦高速運轉，看似胸有成竹地娓娓道來。

「最後一個問題……」金主任邊點頭，邊拋出尖銳地提問：「諮商輔導很看重當事人的非語言訊息，你曾想過看不見怎麼辦嗎？」賓果！有一種猜題中了的興奮，我告訴主任，我可以如何以耳代眼的觀察，可以靠其他感官得到訊息，最後，我自信地表示：我相信有「心」比有「眼睛」重要得多！

說完這最後一句話，金主任馬上站起身，好像要送客了，我覺得自己說的很好，是怎麼了嗎？我們也趕忙站起身。他伸手拉開大門，回過頭來笑著說：「朱芯儀，師大心輔系歡迎你！」

經過系務會議的決議，國立台灣師範大學教育心理與輔導學系每年開放兩個給視障生就讀的名額，這也是身心障礙推甄的第一類組中，視障生們可選擇的第一志願。

不可能，是自己想出來的

就算老師的慶賀聲、同學們的恭喜聲、家人們的鼓勵聲整天縈繞四周，我還是覺得，身體離開了系主任的辦公室，但是心似乎還飄盪在那裡徘徊不去。過了好多天，我才從迷迷糊糊，感覺到了清晰的真實，不可思議的相信我真的去做了，而且真的做到了！

以前的我，是遵從規則的乖乖牌，主流文化下的常勝軍，壓根兒沒想過有挑戰體制、爭取機會這種選項。但是現在，我必須承認自己的確是個與一般人不同的特殊人物，只有我最清楚我可以做什麼？我想要做什麼？如果只有抱怨，大家只能繼續給予關心同情的目光，但是有什麼事會因此不同嗎？會因而發生想要的改變嗎？沒有，沒有人的生命會因此不同，只有我自己，和那些愛我的人，會繼續困在這個泥沼裡而已。

而社會大眾，有時候並不是故意歧視或刻意傷害，只是因為不了解、不習慣、不知道，或是因為少見，自然多怪，更可能如同金主任的善意，沒想過我們會想要些什麼而已，何必先入為主的認為別人會惡意攻擊，把自己嚇破膽了呢？

從義務張老師、兼職實習、法院家事法庭調解委員，到出社會後自行開發工作，感謝這第一次的美好體驗，讓我有更多勇氣，帶著給彼此一個機會的心情，繼續闖關，打開一扇又一扇通往夢想的大門。

芯言心語

把被譽為史上無敵強的跳高高手，可跳達身體400倍的跳蚤放在玻璃杯裡，跳蚤不費吹灰之力就跳出了杯子，但當把這杯上加了透明蓋子，因為不想再被撞到而掉下來，跳蚤學會了只在有限的範圍安心的蹦蹦跳跳，之後，即使拿掉了蓋子，跳蚤恢復了自由之身，但他卻仍舊再也跳不出那心中的透明蓋子了！

即使心懷不滿、大聲嚷嚷想要改變現況，仍然待在這個比較安全、比較穩定、比較知道會發生些什麼的框框裡。**到底是框架限制了我們，還是其實根本是我們限制了自己呢？**

這是我人生的第一次，未來還會有無數次的爭取、衝撞和挑戰，但這第一次的經驗卻拿掉了我心中覆蓋好幾層的透明蓋子——我認清了有什麼想要的禮物，絕不會從天上掉下來；我明白原來有些事不是不可能，而是對未知的恐懼就把自己嚇到了；我意識到原來我要為人生負全責，自己才是舞台上的主角；更因為這次經驗，我看到世界的善意，並不是他們不想給，而是根本不知道你想要，所以，我更敢於嘗試，更願大聲說出自己的需要和想要，給自己一個機會，也給善意的世界一個機會。

獲得諾貝爾和平獎的德蕾莎修女(Mater Teresia)曾說：「抱怨就像騎木馬，它會讓你有事可做，但不會往前進一步。」你也有什麼限制自己的透明蓋子嗎？可能是限制性的信念，可能是習慣，可能是一定、必須、應該如此的理所當然，**覺察就是改變的起步，往上跳，你會驚喜地發現這世界可能與你原本以為的大大不一樣！**

Lesson 3-2

面對失落 接納後轉身

放下一定要立刻看到結果的執著，放下事情一定要如何發展的理所當然，這不是逃避也不是放棄，而是要學會接納後轉身，靈活變通的智慧。

要心輔給特教

放榜時，懷著滿心盼望，第一志願師大心輔系，我來了！但接到電話的那一刻，玻璃心卻碎滿地，我居然落到了第二志願的師大特教系。我想不通，為什麼老天總愛這樣作弄我，連我好不容易爭取來的機會也不給我？

滿肚子怨氣和牢騷，我心想：「好吧！那我就先入學再轉系！」，但是很抱歉，身心障礙推甄是不能夠轉系的；我又再想：「這是最壞的打算了，大不了我很會考試，休學一年，重考總行了吧！」可是抱歉，我是舊教材的最後一屆，明年就換新教材了，難道我還要重讀不成？每一條路都被封死了，沒有其他更好的選擇，我強忍著心中的百般不願意踏入了特教系。

新生入學的那一天，爸媽幫我帶著大包小包的行李搬進了宿舍，雖然家就住在台北，其實是不需要住宿的，但因這是訓練獨立的必經階段，爸媽還婉拒了校方的好意，刻意不住有無障礙設施的特殊寢室，堅持要我住在每天爬上爬下、來回書桌與床鋪的一般寢室。當爸媽幫我安頓了所有物品，也與五位室友一一打招呼後，走到我身邊摸摸我的頭，就轉身離開了，我想他們一定看到我紅了眼眶，但卻狠下心來當作沒看見，而我則假借早睡躲在棉被裡偷哭，不只是面對這必須長大的痛，更多是怎會進入特教系，不得志又不甘心的鬱悶。正當恍恍忽忽還沒真正入睡，聽到室友們驚訝的叫聲：「颱風來了，明天放假耶！」

我們寢室是特教系女同學最多的大本營，第二天一早醒來，來自各個寢室無所事事的同學全都聚集到這裡，他們想去逛逛台北，可是到處店家都沒開；那隨便出去看看吧！走路有風險，騎摩托車更危險；那就回家吧！對我算容易，可是其他人怎麼可能回中南部？正在交頭接耳，只能大眼瞪小眼時，我突然想起以前颱風天去KTV的歡樂時光，而且搞不好現在這種非常時期還會有特價，立馬先打電話詢問，再徵詢爸媽是否願意開車接送我們，以保障安全。

同學們各個興奮莫名，原本不熟悉的彼此，因為在包廂中放鬆的笑鬧、不計形象的耍寶、合力完成一首首對唱和大合唱，快速變得熱絡而自在，才三個小時的歡唱，卻是大學生活的破冰起點。同學們都說：「以為颱風天只有無聊的份，想不到這麼好玩啊！」

對我的大學生活來說，這不只是個令人難忘的開場，更因為這次經歷，使我放下了心裡還殘存的不甘願，既然沒別的路可選，就學著去面對現實，念特殊教育也不那麼糟，我可以更了解身障領域，而且它也是個助人科系，一樣可以奉獻自己，何況不能轉系又不是不能修學分，我還是可以修心輔系的課啊！更重要的是，我愛上了這群同學，他們的善良、傻氣、真誠和單純，讓我想好好與他們在一起。即使這條路並不是一開始我想要的，但相信陪我同行的這群人卻是最可愛的。

特教與心輔結合的火花

當我同時修習特教與心輔，明顯感覺到兩個領域的差異——心輔是比較形而上的抽象概念，需要當事人有一定的覺察和領悟能力，而特教則是較形而下的具體步驟，尤其是最大宗的智能不足學生，自我覺察和領悟正好是他們所缺乏的。但是，拜我的外務愈來愈多所賜，時間完全不夠用，我開始盤算著如何可以結合兩者，讓自己只要寫同一份報告就可以兩邊交差，從那時開始，我不是以對立，而是以找出互補性的合力角度來看它們。

大五這一年的特教實習，是我內心的掙扎，從每個寒暑假帶身心障礙營隊、舉辦給特教生的活動和教學實習中，我已經略為嗅出自己未來想何去何從，特教實在不是我的強項，而心理輔導則是我始終不變的熱愛，但是似乎沒有任何重度視障者選擇當心理師並以此執業的，我猶豫著要毅然決然放棄特教，轉往心理輔導嗎？

最後下定決心，徬徨現實的考量戰勝了現在就要實現夢想的渴望，我要堅持完成特教實習，因為有特教教師證的退路會讓我心安，但我不願浪費磨練自己心理輔導功力的機會？「台北市立啟明學校」一跳出腦海，這是一所特教學校，我當然是申請特教實習，但同時也可以全力負責學生們的心理輔導，這真是太完美的組合了！而讓我由衷感激的是他們接納了我。

雖然沒辦法與高三的學生們一起去畢業旅行，但經過同學轉述，有位與我個別諮商將近一年的學生在晚會上熱淚盈眶的分享：「如果不是朱芯儀老師，我不可能像現在這麼好。」因為原本眼裡只有自己的他，卻看到了別人的存在，重視身邊他人的感受；原本一定會被排擠和冷落的他，開始與同學們一起嬉笑出遊，驚喜居然可以享受人際間的美好。

我一點也不敢居功，而且捫心自問還不得不承認，在那時輔導視障學生時，我常會有種皇帝不急，急死太監的焦慮，這樣怎麼能融入人群，適應社會呢？然而，感謝學生們願意一再給我機會，他們教會了我，我只站在自己的視角看事情，卻忽略了他們並不是不肯走，而是不知道要如何走，要走去哪裡，走下去真的是否會比較好？只要有人充份地瞭解他的困境，站在同一邊陪他討論如何讓生活更好，不只是思維上的轉化，更要形成許多具體的方案和計畫，一步步地落實、嘗試和修正，這些學生就會有很大的轉變，邁向新的生活。而這種又形而上又形而下、抽象又具體、引導又指導的姿態，不正是心輔和特教一起教給我的嗎？

轉身看見祝福

師大教育心理輔導研究所碩士畢業，並考取國家高等考試的證照後，我成為了台灣第一位重度視障心理師，這頭銜是榮譽的里程碑，卻也是生涯再次陷於黑暗的開始，別人不知道怎麼用我，我更不知道要從哪裡起步，而此時，結合心理輔導、特殊教育，以及我本身的視障身份就成為最獨具特色的亮點，帶我穿越生涯起步的重重迷霧。

以前以為是不幸，現在居然都變成了幸好——因為讀過特教系，我可以很快看懂每個來到面前的身心障礙者的特質和需求；因為帶過許多營隊和活動，我知道怎麼與這些身心障礙者們相處互動和引導協助；因為曾經紮紮實實的經歷教學實習，能與普通班的老師進行特教宣導，又能跟特教班的老師討論如何改編教材教法；因為我的同學畢業後都成為了特教老師，遇到疑難雜症也有數不盡的後援會和智囊團……更重要的是，以前我也認為中途失明是件非常不幸的事，但因為我本身就是一位視障者，才能讓許多原本緊閉心門的身障伙伴願意嘗試信任，走進我的晤談室。

走過這一遭，從一開始的埋怨，到後來的釋然，甚至驚喜，我深刻體會到，如果沒有更好的選擇，那就迎向它吧！但人們，就如當年的我一樣，總是短視近利，我們只看到眼前，這不是我要的，這不是我喜歡的，就想要把它推開，想要把它從生命中拿掉，但卻不明白，這常是老天要賜給我們另一份珍貴的禮物，原來這竟是生涯路上最美好的祝福。

芯言心語

人們常質疑：計畫趕不上變化，變化趕不上老闆的一通電話，那為什麼還要做生涯規劃呢？**規劃並不是一定堅持要達到什麼，而是一種人生路上方向感的指引**，就像手上握有一個羅盤，或抬頭望著北極星，不管這不同的路是命運、意外或自由選擇的結果，因為知道最終想去哪裡，才能把過程中所有的曲曲折折都細細品味，成為回到主幹道時最豐盛的滋養。

「接納後轉身」就是我在面對不如預期的意外來臨時最重要的心法，如果只會昂首挺立，硬碰硬的面對改變，我們很快就會被折斷了，學習柔軟，學習謙虛，放下一定要立刻看到結果的執著，**放下事情一定要如何發展的理所當然，只要學會接納後轉身，帶著羅盤、看著北極星繼續繞道前進，條條道路通羅馬，這不是逃避也不是放棄，**

而是靈活變通的智慧，人生還有什麼過不去的？

世界上最成功的投資家華倫巴菲特(WarrenBuffett)曾說：「如果你求助於神，表示你相信神的能力；但如果神沒有幫助你，那就表示祂相信你的能力。」現在的生涯路是你原本的規畫嗎？現在做的是你想要做的嗎？現在耗費你最多心力的是你覺得最值得的嗎？如果是，恭喜你，但如果有些路，逃不開、躲不過、避免不了，那更要恭喜你，只要好好經驗，你會因這些曾走過的痕跡而更加茁壯。我的夢想是要為全華人世界的心理健康而努力，不知道還會遇到多少瓶頸，還會有多少意外，還會遭遇多少挫折，但我相信每一次接納後轉身，看似叉路卻是捷徑，都會讓我離夢想再靠近一點，成為更豐盛的自己。

Lesson
3-3

面對拒絕

給自己貼標籤

差異本身不是障礙，不願面對差異才是人際之間最大的障礙。你願意聽他說話，他才願意聽你說話；你試著理解和尊重他，他才願意理解和尊重你。

過不了的關

上了大學，再也沒有按表操課這回事，就連閱讀指定教材，那些別人視為順理成章的，對我卻一點都不理所當然，每一個科目要先寫信給任課老師、提前取得教材、拆分章節、依據內容和順序找錄音員錄製或工讀生掃瞄，才能跟得上授課進度。但不論再辛苦，總是會有同學的神救援、師長的包容與支持、自己的認真積極，一次一次讓我闖過了大小報告、期中期末考、實習演練、活動帶領等等……，但卻有一個難關，就像一堵高大又堅硬的牆，阻隔在通往未來的道路上。

大四雖然輔修了心理輔導系，卻覺得自己只是紙上談兵，正當我起心動念，想要拓展眼界，累積更多實務經驗時，一位同學邀請我與他一同參加義務張老師的儲備訓練，這是老字號、好口碑、培訓紮實又完整的輔導志工養成所在，雖然學費頗高，而且聽說篩選非常嚴格，但管他的，這就是我想要的！

我眉飛色舞的敘述報名資料，請同學代筆填寫，櫃台人員隨口問了一句：「妳怎麼不自己寫呢？」我和同學抬頭不以為意的說：「因為看不見啊！」。櫃台人員卻驚慌的立馬回應：「我們這裡沒有無障礙設施，視障者不能夠報名！」。我們當場愣住，壓根兒沒想過居然會遭遇拒絕，任憑一再詢問、澄清加確認，櫃台人員還是搖頭表示沒有辦法。

當時的我，已經擁有在高中時毛遂自薦，希望師大心輔系開放視障生就讀、與各個任課老師溝通學習需求、甚至單獨參與社團活動或與同學騎摩托車環島出遊等等經驗，我單純地以為只要我大方大膽又坦誠地承認我的視障，並且主動說明和求助，就可以行遍天下，得到我想要的幫助。但是這一次，這招怎麼不管用？

當我衝回家，大聲跟父母抱怨這世界對視障者的歧視，為什麼我連繳學費來學習也不行時，他們只是傾聽，不置可否。獨角戲唱了一陣子後，爸爸淡淡的問：「你甘心嗎？除了抱怨，你還能怎麼做？」

是的，我不甘心，除了生氣和難過，更多的其實是困惑，為什麼這次原本的招術行不通？他們到底擔心什麼？他們有什麼顧慮？他們對視障者有什麼想像？我跑進房間，撥通張老師的電話，抱著即使最後仍被拒絕也不要緊的態度，請承辦人給我一次見面的機會。

主動出擊

我訪問了父母、師長、同學，心裡畫出了一個「他會怎麼問」、「我又能怎麼答」的虛擬表格，更邀請一向是軍師的爸爸與我同行，相信這會讓我更自在的呈現自己。

那天，我身著正式套裝，希望能給對方，也給自己更多安心的力量，我們坐在與承辦人呈90度角的長椅上，沒什麼話家常，開宗明義直接切入正題。他說機構沒有無障礙設施，也無法有專人協助，行動不便怎麼辦？我則說同學會陪同我上下課和中午用餐，只要我熟悉了路線，用手杖還是可以行動自如；他說因為智慧財產權上課無法錄音怎麼辦？我則表示盲用電腦可讓我像常人一般做筆記，而且同學也會在課後協助我記錄重點；他說考試沒有點字試卷，怎麼應試？我又舉出過往常以盲用電腦作答，只要提供電子檔給我，我便可以如同一般人一樣考試的例子。

承辦人一邊點頭同意我的每一項說明，卻還是為難的欲言又止，我心裡著急，完全搞不清楚對方的想法，氣氛似乎愈來愈僵。爸爸終於在關鍵時刻出手了，他說：「我知道張老師的要求標準和品質把關非常嚴格，如果朱芯儀的表現不合格，就直接把她刷掉沒有任何關係；但是如果她是可能的，希望能給她這個機會試試看。」

原來就是這句話，承辦人終於鬆口答應了，我就這樣從第一階段的自我探索，第二階段的技巧演練，到第三階段的綜合運用，通過300人最後只錄取十分之一的激烈考驗，如願成為正式的義務張老師。

他們為何願意開門？

回想這一路，我的內心充滿感動和感恩，謝謝承辦人的堅持，讓我打破夢幻泡泡、面對現實；謝謝爸爸的臨門一腳，使我知道爭取不只是問題解決那麼簡單，更多的是對方心裡的感受；謝謝所有工作人員、督導、同仁和同學們的大力幫忙，讓我離自己的夢想更靠近了。但是心中，更多的卻是大大的問號，他們一開始不是拒絕我嗎？可是為什麼從靜觀其變，慢慢變成主動協助，甚至之後毫不猶豫的接納其他身心障礙伙伴也能參加培訓課程呢？在我申請兼職實習、全職實習、進入法院成為家事調解委員後，這種困惑更是強烈，是我運氣特別好嗎？我遇到的都是天使嗎？只能用「他們真是勇敢的非常異常，而我是幸運的非常離譜」來自圓其說。

身心障礙者的職涯發展本就困難重重，對我來說，往前看找不到同為重度視障者的心理師前輩，又沒有已在唸心輔研究所，決心要成為心理師的視障同儕，不只孤單，未來更是令人恐慌的難以預料，所以，為了讓視障者能有更多職涯選擇，更為了自己即將出社會預做準備，我決定就用碩士論文來好好研究這些與我合作過的僱主：他們初見我來求職時，心裡到底有什麼擔心顧慮？是什麼使他們逐漸放下心來？又是什麼讓他們轉變？

雇主也需要幫助

在訪談我的五位雇主後，才驚覺，原來在面對一位視障應徵者，他們的內心小劇場是那麼澎湃，不只是主管是否支持、是否有額外負擔或開支等現實問題，更多的是內心面對視障者的惶恐不安和無助：會不會過度敏感，反而讓別人認為我在歧視他們？他如果遇到問題都要我去解決怎麼辦？他如果提出過份要求，可以接受我的拒絕嗎？他可以負責自己的人身安全和行動安全嗎？我從沒與視障者合作過，發生問題的時候我又能如何？

而我，除了透過列出問題與解決方案的表格、輔具示範和照片展示、具體列出可協助的資源等等，更是從親身的互動中，他們能感到我與自己障礙相處的自在和坦然，我還會主動幫助他們來幫助我，怎樣用人導法正確的引導行動、如何用幾點鐘方向來告知方位、什麼時候我會大聲求助等。因為我的態度，他們也從原本的拘謹變成自然放鬆，還要特別提醒自己，才不會總是忘記我的特殊需要呢！

主動貼上視障標籤

許多人問我：「為什麼那麼愛談妳的障礙？」，不管到哪裡去演講、諮商、帶團體或上課，我的第一句自我介紹都會表明自己的視障，有時還拿著手杖演講，部落格、粉絲頁、YouTube都直接取名為「朱芯儀視障心理師」。這樣子不是讓別人只看到妳的視障，沒有看到妳這個人？還有妳的專業嗎？還是妳在消費自己的視障，到處賣可憐？爭取同情呢？

當然不是，因為我就是在做真心換真心的工作，我先說出身上最大的缺憾，希望這樣的態度能邀請對方更願意敞開難以啟齒、從未面對過的傷；也想透過我能如此自在安穩的與自己相處，傳達一種對生命韌性的堅定相信。

還有一個最重要的原因，這不是一廂情願，而是從我成為視障以來一再發現的，甚至我的碩士論文的系統化研究更是可以證明—視障是我跟你之間最大的隔閡。當我不主動點破，旁人就會不受控的自動腦補，想像著這樣的人是多麼可憐，揣測著他們的心裡可能會有多受傷，然後，要不要主動親近？什麼話不能說？會不會無意中冒犯？擔心不安一股腦的跑了出來。

我們怕被貼上標籤，因為那似乎是一種偏頗的評價，這人是好、是壞、是優秀，還是白目。視障只是我這個人的其中一部份，善良、溫暖、小心眼也都是我，但與其讓別人來標籤我是傲慢的公主、可憐的身障者，還是堅強的生命鬥士，我決定為自己貼標籤，讓你知道我是一個甚麼樣的人，我的視障是一個甚麼狀況，藏在障礙底下的我才有機會能被你更真實的認識。

我相信，想要打通人生未來的方向，不只是人格特質或專業能力的問題，更要緊的是，願意站在對方的立場感受，他最需要的破冰起點在哪裡？他最在意的安心力量是什麼？當我安然的與自己的限制共處，別人才能自在放心的與我互動，然後，一起穿越障礙，攜手迎向未來未知的挑戰。

芯言心語

明與盲的差異，本就是天經地義，人與人的不同，本就是理所當然，每一個人都站在自己的世界裡，問題是，當我們要解決衝突，當我們要達成共識，當我們要彼此合作，是誰要主動搭橋呢？

「同理戰術」是我非常喜歡的一堂課，每次授課時，我都會讓自願上台示範的伙伴們先自由吵架，吵得愈兇愈好，不管是親子、夫妻、職場、朋友之間的衝突，都被一一搬上講台，公說公有理，婆說婆有理，拉拉扯扯，各有堅持，一切就這麼真實呈現。

然後，我隨機挑選其中一個人，請他使用「同理戰術」，還是吵同樣的劇本，但每次都要先把剛才聽到對方所說的重點重覆一次，然後才可以再繼續吵下去。就多這麼一句話而已，奇妙的事發生了，他們的衝突從原本的高分貝，各不相讓，吵著吵著愈來愈小聲，居然就講和，達成共識了，讓台下觀眾全都跌破眼鏡。

為什麼？因為**你願意聽他說話，他才願意聽你說話；你試著理解和尊重他，他才願意理解和尊重你**。如果我們只會一味站在自己的立場，不肯先到別人的世界裡體會，就硬要別人主動伸腳到我們的世界，只是變得各說各話，而後自說自話。**所謂爭取，不是我要什麼，我想怎麼做，我的需求是什麼？而是先以對方的角度思考**，他的考量是什麼？他的擔心是什麼？他需要的是什麼？

差異本身不是障礙，不願面對差異才是人際之間最大的障礙。為自己貼標籤，是我主動搭橋過去，歡迎你也來我的世界看看，也許會驚訝的發現，雖然看不見景物，我竟看見了更繽紛多彩的世界哦！

Lesson 3-4

面對質疑 看不見怎麼做諮商

不能改變的，就接納限制，但對於能改變的，請給自己一個機會，探尋本質，專注可能，發揮優勢，別被質疑的聲音這麼輕易的粉碎你追求更美好自己的想望。

我以為視力根本不是問題

擔任義務張老師期間，一次遇到媽媽帶著六歲孩子來面談，當我一如以往的傾聽、探問和引導，孩子只是咿咿啊啊加比手畫腳，卻很難說清楚經歷了什麼，我只能宣告敗北，請其他能以繪畫做為溝通媒材的明眼同事們來神救援。

又一次，一位個案在敘述自己如何被背叛，很想出手傷害對方，說著說著愈來愈激動，也愈靠我愈近，甚至感受到他揮動雙手時傳來的掌風，我心裡突然警鈴大作：如果他這時抓住我，或是送我幾刀、給我幾拳怎麼辦？

研究所實習時，有位學生要求與我有除了握手以外更多的肢體接觸，站在雙面鏡後的督導看到他誇張的動作、表情和手勢，為我的安全提心吊膽，還嚴肅的要我好好考慮是否繼續走這一行。

後來我加入了家事法院的調解諮詢團隊，當多人一起會談時，看不到臉色、不知道什麼時候該插話、無法發現一人說話時另一人的表情、沒辦法及時中止可能的衝突，我變得好退縮。

探尋諮商本質，專注可能性

外在的質疑不是最可怕的，最致命的是連我都開始懷疑起了自己：難道諮商一定要用眼睛嗎？助人之路就要停在這裡嗎？雖然外表仍然堅定如常，每天內心的焦慮、挫折、無力和不甘心卻激烈開戰著，甚至有長達半年的時間，原本再享受不過的接案都讓人害怕的想逃，擔心會不會又發生什麼衝著我的視力障礙而來，讓僅存的一絲絲力量都灰飛煙滅？

那天，幾個大學好友的聚餐，眉飛色舞的聊起了我們共同的回憶，上統計課時的鴨子聽雷、模仿某位老師的口頭禪、特教週犧牲形象的台上演出、宿舍晚上12點才開始有人煙的奇景，一如往常的大夥兒七嘴八舌嘻笑怒罵，聊著聊著話題轉到了畢業旅行，突然有人說：「你們記得嗎？那時候朱芯儀還騎腳踏車耶！她平衡那麼不好，好怕她從車上跌下來啊！」，另外一名同學說：「朱芯儀才不怕死咧！那算什麼小case，看不到，沒在怕的啦！」哈哈，真的，我騎摩托車環島、出國玩、潛水、香蕉船、拖曳傘，甚至高空彈跳，當明眼人還在扭扭捏捏、互相推來推去的時候，我已經帶好裝備，在大家的尖叫聲中往下跳了。我突然想到了諮商工作的瓶頸，糾結於看不看得到的心開始鬆動，有可能我的視障就像玩這些冒險活動一樣，不但不是缺陷，反而是優勢嗎？

我一層一層的探究，為什麼心理師要看得到？因為能夠保護自己，更因為可以獲取各種非口語的隱微訊息。為什麼獲取訊息是重要的呢？因為才有辦法更清楚的理解當事人的內外在困境。為什麼需要更理解呢？因為才能更精準的拿捏分寸、合適的判斷時機，給予更合適的諮商處遇。連續的一再追問，視力障礙和諮商工作的關聯終於浮出水面，而我要繼續使力的解答也呼之欲出，原來看不看得到並不是關鍵，如何穿越表面，去貼近當事人問題的核心，並以對方能接受的方式有效引導走出重圍才是重點。

視力對諮商工作很重要，我承認。但是，沒有視力就不能做諮商嗎？我還有太多方法沒有嘗試、太多感官沒有開發，離放棄還早的很！我開始不再問自己：「你沒有視力怎麼辦？」，而是：「你還可以做些什麼，去找到專屬朱芯儀與個案們合作的獨特方式。」。

承認限制，增強自己

為了保護自身安全，也為了能更有效的助人，我一定得迴避的限制是什麼？以非口語為主要溝通管道，或有暴力傾向的當事人，就是我視力的罩門，我只能忍痛為他們轉介。起初，我覺得懊惱，怎麼自己的限制這麼多？但聽到研究所同學輪流上台分享實習經驗時，有些對曾受家暴或虐待的當事人不敢觸碰，因為會有嚴重的反移情；有些一遇性議題就害怕的立馬拒絕，因為本身還沒有釐清對這方面的想法；有人服務到身心障礙者就覺得無所是從，不知道怎麼開口互動。原來每個心理師都有限制，只是我比較顯而易見而已。

不再迴避，正視自己的障礙後，除了繼續加強專業能力，我開始專注於磨練其他的感官。對視障者而言，獲取訊息最重要的管道就是聽覺，雖然我的右耳聽不到，但可以透過座位的安排和姿勢的微調，把僅存的左耳發揮到最佳狀態。我會更留意傾聽當事人的敘說，不只口氣或聲調的變化，停頓、換氣、長短音、呼吸速度或因變換姿勢而發出的聲響等等，敏銳的感知這些聲音所傳達給我的訊息，也透過反覆聆聽接案時的錄音檔，訓練自己除了表面的意思外，還能因為說話的時機、字句的排列組合、描述的重覆次數等等，多聽到那些藏在底下的弦外之音。

而整個身體的感受能力更是重要的覺察工具，從第一次失明後進電影院開始，我確信空氣的確有重量，音波會讓皮膚振動，當內心非常投入時，也絕對會有如同感同身受般的共鳴。當我全然放下自己，把所有專注力凝聚於對面的當事人，彷彿全身的毛細孔都張開，敏感覺察當下的氣氛和他此時此刻的狀態。奇妙的是，當他靜靜的流下淚來，我卻驚訝的發現自己也感受到鑽心的痛，兩人竟同時伸手抽取衛生紙；當我正在提問、引導、回應，猛然感受到內心的悸動，訝異的發現，當事人也在那個瞬間心念轉動，原本執著的開始鬆綁，邁向自己的突破之路。

至於觸覺，相較之下我會格外小心運用，以防有不必要的誤會產生，但當信任關係已然建立，覺得當事人很有情緒、卻無法以聽覺及感覺了解時，我會徵求他的同意，將手搭在對方肩膀、手臂或手背上。透過感受身體隱微的振動，不僅讓我知道那難以言說的心情，許多當事人還表示，這個舉動讓他們感到孤單的世界裡終於出現了連結，傳達了一種深深支持的溫暖力量，使他們能繼續勇敢面對生命的困境。

諮商不只是感同身受，我們心靈交會

曾有多位當事人說，與我一同合作時，他們感受到更放鬆、自在和安心。本以為這只是因為我看不見，他們可隨意穿搭、或躺或臥、不需要眼神接觸、不需在意我的目光，更不用思索如果在路上偶遇是否要打招呼。但慢慢從他們的回饋中發覺，「看不到」不只是表面而已，更傳達了許多深刻的心理訊息。

助人者看來好像是高高在上，是專家，是權威，是指引正確道路的老師，但當進入晤談室看到我的那一刻，這樣的高下之別卻被翻轉了，我的學經歷和證照雖代表著心理學的專業能力，但他們同時也發現，我與他一樣承受著生命的無常，直視著內心的脆弱，同是天涯淪落人的共鳴，快速的拉近了彼此心裡的距離。

而他在明、我在暗的處境，更使當事人有種不被窺視、不需設防的安全感，完全保有要不要透露或要說多少的主控權，看不到反而傳達了一種深深以他為主的尊重。而這種絲毫不受威脅的放心，就像反省思考時總習慣閉上眼睛一樣，當他不需再費力的盯著外面瞧，反而能自然放鬆的與我一起向內看。

對於視障族群具有正面印象的當事人，更會堅定的指名找我，因為我們能從失明的苦痛中重建自己的復原力，以及肉眼看不到卻讓心眼更雪亮的相信，給予他們更多能與我一起覺察盲點、穿越難關的信心與勇氣。

對於感覺自己的狀況很難被理解，或者苦不堪言的人而言，我的存在特別顯得有意義，因為他們受到太多心理、生理和社會的壓迫，為了保護自己，不得不穿上嚴密的盔甲，以免給了信任卻又得到傷害，但面對同為弱勢處境的我，或許同理的態度與內容在外人看來和一般心理師別無二致，但由我的口中說出，他也親眼見證我說的與做的一樣，心裡不只得到了療癒滋養，更燃起了深深被支持的希望感。

轉化障礙之路

看不見可以作心理諮商嗎？當然能。每一種職業都有它的本質，這並不是是否是身心障礙的問題，但面對助人之路，我們除了要具備專業知能外，也不得不承認，要有必須得花費比一般人更多力氣的心理準備，製作學習媒材、爭取機會、挑戰制度。但更核心的，怎麼看待自己的障礙？如何因應這個限制在助人道路的影響？則是我們更需要正視的課題。

起初，我天真的以為心理諮商完全不需要眼睛，但一波一波的衝擊，一次一次的無能為力，只能痛苦的直視這個視障。然後，我撥開那些迷霧，發現了藏在質疑底下的本質，並不是看不看得見的問題，而是如何保護自己，又能貼近每一顆來談者的心才是關鍵，所以我接納限制，專注打磨其他感知，用我獨特的方式去靠近、去感受、去理解。最後，障礙反而變成了一份獨特的禮物，帶來新的意義，創造了專屬於朱芯儀的助人方式。

芯言心語

別人的質疑有時是該要轉彎的提醒，有時會讓人更堅定的想證明自己，有時卻更勾起了我們內心的自我懷疑。不管是外界的不相信，還是自己的不確定，面對質疑，我們常往往急著想怎麼解決？怎麼克服？卻落入一種非黑即白的陷阱裡，不是對就是錯，不是戰勝就是輸了。但很多時候，**質疑就像是下象棋，太專注於一兵一卒，反而看不到完整的棋局**，不是要急著跳下去跟問題廝殺，忙著一個一個解釋，一件一件清理，而是退後一步，脫離戰場，先去探尋質疑的本源，問題的本質到底在哪裡？當一切都釐清後，也許你會驚訝的發現，有些困難根本解決不了，但所謂克服，並不是一定要與問題正面迎戰，繞道而行也不失為有智慧的解決之道。

當我們探究了問題的核心後，如何讓這些飄蕩的思緒落地成為執行的方式呢？請試著回答下列兩類問題，第一類是：「你的困擾是誰害的？為什麼會有這個困擾？這個困擾會造成你什麼煩惱？你曾嘗試過解決的方法為什麼會失敗？」，另一類問題是：「你希望這個困擾最美好的解決是什麼樣的呢？以前碰到困擾時你都是怎麼化解呢？是什麼讓你雖然有困擾仍然能好好渡過每一天呢？你曾經試過解決這個困擾的方法中，它們各有什麼小作用呢？」試著感覺看看，當在思索這兩類的問題時你有什麼不同的感覺呢？是的，聚焦於問題，搜集到的是困難的證據，聚焦於可能性，看到的是衝出重圍的希望，不同的問題帶出不同的思維，也帶出不同的解決方法，因為，**我們的專注放在哪裡**，結果就會在哪裡，而你，在面對質疑時，問自己的常是什麼樣的問題呢？

我非常喜歡這句美國神學家尼布爾（ReinholdNeibuhr）祈禱詞：「神啊，請賜給我們胸襟和雅量，平心靜氣地去接受不可改變的事情；請賜給我們勇氣，去改變可以改變的事情；請賜給我們智慧，去區分什麼是可以改變，什麼是不可以改變的事情。」**不能改變的，就接納限制，但對於能改變的，請給自己一個機會**，探尋本質，專注可能，發揮優勢，別被質疑的聲音這麼輕易的粉碎你追求更美好自己的想望。

Lesson
3-5

面對失業

吸住金飯碗

「如果你想得到某種東西，最可靠的辦法就是讓自己配得上它。」

既然抓不到金飯碗，那就把自己變成一個強力磁鐵，不要只想著賺錢，先讓自己變值錢，努力把吸引的磁力不斷加強，讓自己配得上。

失業危機

民國99年下旬，考取台灣高等考試諮商心理師證照，成為全台第一位重度視障心理師的那一刻，我以為光明的未來終於出現，但卻又是另一片更巨大、更深沉，更黑暗的開始。

研究所同學們熱心的出主意，他們以為只要不挑地方，學校、醫院、社區都去應徵，薪水要求低標就好，不可能找不到心理師的工作。但最後，我們也只得面對早該認清的事實，視障者和明眼人求職完全不同，出社會不是做志工或實習，當觸及利益報酬時，一個蘿蔔一個坑，我的視障一被發現，對方就立馬「謝謝再聯絡」，沒有一個坑是我這顆奇形怪狀的蘿蔔能塞進去的。畢業即失業，這句話真是一點也不假。

每次參加高中、大學、研究所的同學會，就是我最羞愧的時候，當看到他們各個都早已擁有獨立自主的經濟能力，從未賺過一毛錢的我，想到古人說：三十而立，我也三十了，那到底立了什麼？

那一天，坐在車上，我再次酸溜溜的埋怨：「真不公平！你看，公務人員、特教代理教師、電話客服或是行政都有專門給視障者的職缺，我又不是沒能力，也不是不想工作，可是就什麼都沒有。」媽媽回頭看了車後座的我一眼，無所謂的說：「對啊！沒有人要妳一定要當心理師啊！妳也可以去應徵那些工作，上個職訓，準備一下，應該不難吧！」聽到她彷彿置身事外的言論，好像是瞧不起我一樣，我鏗鏘有力的回擊：「才不要，我就是要當心理師。」媽媽繼續悠悠的說：「那就對啦！你自己要的，那就想想要怎麼才能做心理師啊！」。「可惡！我中計了！」原來媽媽的話不是風涼話，而是知道我最吃這一招激將法啊！一邊假意中劍後吐血而亡的笑鬧，但我也自此之後不再發出這樣的牢騷，因為機會是做出來，而不是抱怨出來的。

讓工作來找我

找不到老闆、沒有人幫我投保、沒有公司福利、沒有底薪、更沒有客源，怎麼辦？擠出我身上所有的勇氣，準備接受任何可能被拒絕、冷淡，羞辱的回應，既然找不到工作，那就讓工作來找我吧！

第一件事，我先去借錢，有了穩定的經濟，才可能無後顧之憂的闖一下；第二，我要找出最能讓別人看到的獨特亮點，還有什麼比同為身障者的諮商輔導，而且大學又是唸特殊教育的更有說服力。

然後，我開始到處放風聲，親自拜訪曾擔任過志工的地方、曾合作過的社福機構、曾接觸過的學校，表示我可以免費服務、介紹專業背景、什麼主題都願意，只要給我一個機會就好。還有主動陌生開發，我一通一通電話的打，學著以前爸爸讓我如願進入義務張老師儲備訓練時的關鍵台詞：「我知道您會有些忐忑不安，如果覺得不勝任，以後就不要用我了，但我希望你願意給我一次嘗試的機會，不管個別諮商、團體輔導、演講或寫文章，都是我擅長的。」

在電話的那頭，有些回應一如預料般冷淡，甚至還會酸言酸語的諷刺幾句，讓我力持鎮定的心想打退堂鼓，但是也有人好奇的想多了解我的專業背景，要我寄履歷過去，還有人迅速就回電，pass了一個機會來。

不管有錢沒錢、距離遠或近、這個主題我會不會，只要你願意給我一個機會，我會閱讀上百篇文獻顯得好像自己就是專家、廢寢忘食的設計課程腳本、上山下海搜集各種案例、自掏腰包請工讀生幫我做美美的教材。

我打著手杖，一個人跑遍了台灣，還一個人坐飛機去金門和澎湖，捷運、台鐵和高鐵更是常常相見的好朋友，要忍受不知道下一頓會在哪裡的焦慮，還沒有知名度而要四處勇敢的秀出自己，要練習不卑不亢的跟人談價碼，要對抗惰性用盡方法搜尋任何所需資料，業務、行政、財務、研發、生產、執行……全都一手包辦。

這些辛苦不為別的，只因為我要活下來，而唯一的方法就是讓你看到我有多好用，然後，下一次會來找我，而且還會好康道相報。

戰戰兢兢，如履薄冰

我自己就是這一人公司的老闆，看似可以決定這個案子要不要接，也可以自己安排行事曆，但自由業其實才是自我管理最嚴謹的行業，因為我們靠的就是口碑和信譽，經營一個人給你按讚要花很久，但要很多人對你失去信心卻很容易，只要說錯一句話、搞砸一場演講、一個個案說你差勁。

你問我會不會心慌？會，一直會，前五年的時間我都一直處在行事曆只看得到下個月的預約，之後的時間卻都是沒人邀請的焦慮中；你問我會不會心虛？會，沒有當過正職員工卻要寫出職場管理、沒有結婚卻要寫婆媳過招，只談一次戀愛卻要寫愛情專欄。你問我會不會有不知所措的時候？會，而且常常，因為人們的心理問題總是千奇百怪又複雜難解，只好一再求助於網路、同學、長輩，每天都必須跟自己的不足正面相對。

不過好在，這個世界比我預想的美麗的多，本以為要至少一年以上，才可能讓大家看得到我，也做好了要再借錢，或是吃泡麵果腹等的心理準備，但半年後，就開始損益兩平，一年後，雖然心慌、心虛、不知所措還是常常來找我，但我確信這是一條可以走得通的路，這是一份可以養得活自己，又能實現夢想的人生志業。

這是最棒的生涯位置

當我慢慢站穩腳跟，原本抱著看好戲，甚至唱衰的旁觀者，全都驚訝的發現，這個社會更知道怎麼與一名重度視障心理師合作了。陸續有人好心建議：「妳一個視障者，每天跑來跑去一定不方便吧！為什麼不找個地方待下來，讓個案來找你呢？」

「嗯！這是個好問題。」起初，我也覺得這會不會是更適合我的生涯選擇？但當我把它放在心中好好感受，放在腦子好好斟酌後，我搖了搖頭。一來是，每一份全職工作都不可能像我現在這樣，只要把心力專注在個別諮商、團體輔導、演講、工作坊或文字的準備和帶領上，我想集中火力，把擅長的事發揮到極致；另一方面，也是對我來說最重要的，我想到各地感受不同文化，學習用不同語言對話，廣泛服務不同類型的當事人，這樣的旅程多奇妙，這樣的學習多充實，可以領略人生各處不同的風景。

三十歲以前，我努力用加法過生活，各方面的探索，不停歇的嘗試，認賠殺出、打掉重練就好；三十歲以後，我學習著用減法過生活，什麼是我真正要的？什麼是我擅長也有興趣的？什麼是我能取，什麼又是我該捨的？認清自己，然後堅持下去。

心理師之路已邁入十年了，現在各地都有我的身影，曾與10到80歲、公部門與私人企業、多元性別與跨文化，各種身心障礙族群一同合作，成立了個人官網、部落格、粉絲頁和YouTube頻道，曾任警察專科學校的兼任心理學講師，並與POPRADIO林書煒台長共同主持社會關懷的特別企畫節目。面對未來，我更希望用乘法經營自己，透過媒體與網絡無遠弗屆的力量，把想傳播的理念帶到更遠的地方，並培養更多自助助人的生命，讓他們如同蒲公英般開散出一張心理療癒的大網，支持著正如你我在生活中修煉的彼此。

以前，因為我是個不能被塞進洞中的蘿蔔，而被逼迫像游牧民族一樣逐個案而居。但是現在，是我這個蘿蔔自己的選擇，不想被塞進固定的坑洞裡，因為可以一再嘗試，一再突破，一再超越自己，這是我最喜歡的生涯位子。

芯言心語

金飯碗是什麼？是一份有退休金、有許多福利、不會被開除，又不會放無薪假的工作嗎？人人都想要，但在我們這個年代，真能抓得到金飯碗嗎？這個保障又能持續多久？我們敢要，可是別人根本給不起怎麼辦？

求人不如求己的真正涵意是什麼？股神巴菲特（WarrenBuffett）曾說：「如果你想得到某種東西，最可靠的辦法就是讓自己配得上它。」想要健康的身體，讓自己配得上；想要美滿的婚姻，讓自己配得上；而心理師之路就是我想要的金飯碗，所以我不斷自我要求、不斷進修充電、不斷用心經營、不斷放下尊嚴和面子，因為，我就是要讓自己配得上。

既然抓不到金飯碗，那就把自己變成一個強力磁鐵，不要只想著賺錢，先讓自己變值錢，努力把吸引的磁力不斷加強，讓自己配得上，那才是真正帶的走、搶也搶不走的金飯碗啊！而你，想要的金飯碗是什麼呢？如果抓不到，改個方法，把它吸過來吧！

Part 4

我與夢

舊有的脫落，會看見新芽的發生，會看見力量一點一點的茁壯，會看見智慧一點一點的熟成，然後繼續帶著各種希望與夢想迎向未來的旅程。

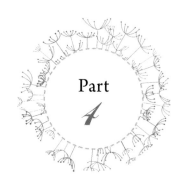

185 打不破的玻璃芯

Lesson
4-1

面對無力

提得起也要放得下

無力，是因為總是太想用力，太過用力；堅持不放棄是幫助我們克服困難的信念，但不是始終用盡全力的使勁。

坐冷板凳的舞小姐

擔任電話與面談的輔導志工後，感覺自己不足的聲音一天比一天強烈，心裡常嘀咕：「若不是因為這些個案被強制要求來接受輔導，或是跟我晤談不用錢，他們才不可能來呢！」甚至在所有人都是以「代號」稱呼的張老師基金會中，我都覺得自己像是坐冷板凳的舞小姐，聽著當班督導唱名……「×××號，三點有預約；○○○號，你也是……」而我，就是那個不會被叫到號碼，沒有人預約的差勁輔導員！

曾經不只一次問自己：「你真的適合走這一條路嗎？」但是奇怪的是，雖然心情低落，想放棄的念頭也來來去去，但行動上，卻絲毫沒有打退堂鼓的蛛絲馬跡，我依然堅持用所有老師教的傳統方法累積實力，每一個步驟都盡可能的謹慎確實，仔細地撰寫諮商紀錄、用心地分析逐字稿、努力地自我覺察、認真地與督導討論等等。為何我仍舊這樣堅持呢？我想很重要的原因就是我最親愛的媽媽。

小看了問題，卻太看得起自己

當我升上大學，媽媽任職的公司因為人事變革，五十歲出頭的她突然被迫提前退休了，這樣的轉變對我真是太好了，因為可以理所當然的把她當作最得力的救火隊，凡是所有緊急或是不好意思麻煩其他人的事，都請賦閒在家的媽媽一手包辦。

但是，完全沒想到，我們大大輕忽了她頓失生活重心的適應不良、更年期加上憂鬱傾向的破壞力有多可怕，籠罩在她身上的烏雲愈來愈厚重，身體不適、負面思考、悲觀絕望的沒價值感，還有不時會來報到的自殺意念，讓她的每一天都更加難受。

升上大三，輔修了心理，更覺得自己的責任又重了一些，不只是本來我們的母女關係就十分親密，向來都是彼此心中最知心的閨中密友；還多加上懂了更多專業知識與技巧的優越，耐心的陪伴媽媽更成為自以為責無旁貸、舍我其誰的神聖使命。

我知道這不是她能控制的，我知道這也是她不願意的，當我狀態還好時，面對排山倒海的負面情緒，承接與陪伴沒有顯得太困難，但當自己也自顧不暇，努力掩藏住臉上的表情，但內心的不滿與抱怨卻偷偷的一點一滴累積，接近崩潰邊緣。

大四，一次我們母女兩人的晚餐，邊吃著嘴裡的飯，也邊嚥下了她身上的負面情緒，媽媽彷彿是自己人生跑馬燈的說書人，從童年、生涯、婚姻、工作……然後，那句每次到最後都會被提到的話：「我實在不想活了！」終於被搬到了檯面上。我的理智線就這麼「啪」一聲斷了，脫口說出：「妳要死就去死好了，不要再告訴我了！」。

衝口而出的那瞬間，我意識到自己在說些什麼，即使趕忙捂住嘴巴，但那些話，已經隻字不差的傳到了媽媽耳裡。看不到她的表情，聽不到她的聲音，我急忙快步向前說：「我不是那個意思。」，但是媽媽掉頭就走，關上房門，只傳來冷冷一句：「不要吵我，我累了，要睡覺。」。

臣服無力後的再出發

我緩步走回客廳，把身體的重量摔在沙發上，百感交集的眼淚就這樣大顆大顆的掉下來。我好心慌，如果媽媽真的因為我的那句話做了什麼傻事，我還有辦法好好活下去嗎？我好後悔，怎麼會說出這種話，內心自責著：妳記得以前得腦瘤時，媽媽是如何以醫院為家，每天陪伴妳；妳因為看不見而整天尋死的時候，她可曾嫌棄過妳？心中暗自決定，我什麼都可以放棄，但我不會放棄我的家，而我更知道，有媽才有家。

好在，媽媽只是與我冷戰了三天，並沒有真的發生什麼危險。但就像面對腦瘤和失明，我再次浸泡在深深的無力感裡，沒有別的選擇，只能謙卑的臣服，如果這是無法改變的，或至少是暫時無法緩解的，我知道，要放掉馬上看到什麼結果的執著，放下未來一定要如何的得失，因為事情並不會因我的用盡全力而改善，甚至那會讓人急於想要看到正面回饋，反而讓我更容易失控和崩潰，而再出現一次彼此都失控的兩敗俱傷。

由於住校的緣故，每天強迫自己只能用短短的時間表示關心，減少回家面對面的次數。一開始，我理智上知道，但情緒上就是無法諒解自己怎麼可以故意疏遠她？但我知道，這不是逃避，因為我不想逃避，這個問題從來沒有從我的腦中移開，只是就像一直提著重物，整隻手已然僵直而麻木，我一定要讓自己好好呼吸，恢復正常的情緒，才有可能真的幫的上忙，也有更多機會去向師長、同學、朋友請教還有沒有嘗試的可能。

那時的媽媽對什麼都提不起勁，任何事都沒有興趣，要她為自己做什麼根本是不可能的事，但我想到一件非常讓人佩服的堅持，就是她為了我與菩薩許下的承諾——當我生病時，她曾跟菩薩說，會每個月捐出十分之一的薪水去幫助其他有需要的人，而退休後，已經沒有財務能力，但她換個方式，每個星期至少撥出半天的時間來當志工，即使身體不舒服、情緒墜入谷底、外面刮風下雨，她仍然堅持兌現這個承諾。所以我知道，唯一她會願意做的事，就是幫助心愛的女兒。

我開始有計畫的挑選希望她看的書籍，像是如何面對憂鬱、如何調適情緒、如何規劃安排生活等；假藉我又找不到錄音員的理由，請她幫忙錄音，因為當她為我朗讀進錄音帶的時候，不想看也必須一個字一個字的看下去吧！我也故意撰寫一些老師根本從來沒要求我繳交的報告，把重要的知識整理下來，還寫了一些心得感想，內容其實是我想跟她說的話，然後推說找不到工讀生，請她幫忙校對排版，我想這樣她也必須得好好咀嚼這些文字吧！

毛線織起一連串的自轉

媽媽的美感特別好，每次下手的衣服總是換來「你怎麼那麼會買」的欣羨目光，300元的服裝經過她巧妙搭配後，看起來總有超過3000元的價值。

我正想織一條圍巾給當時的男友當作聖誕禮物，邀請媽媽陪同我去毛線店，本只想請她幫我挑選適合的顏色就好，沒想到看著那些色彩斑斕的毛線，觸摸者不同手感的材質，協助老闆娘教我用針版輕鬆的編織著，她居然散發出久違的興趣。

在眾人的鼓勵下，媽媽鼓起勇氣，單槍匹馬去試了一次，沒想到，一次就上癮了！看著她開著夜燈、坐在床前埋首於手上的那些毛線，織了又拆，拆了又織；聽著她每次好不容易完成一件作品時的歡呼雀躍，看她穿上時的自信神情，還有眾人們直誇怎麼那麼漂亮的驚嘆。這一切讓我覺得，生命的轉動真的太奇妙，太難以預測了，我不知道這一切是怎麼發生的？我不知道她是怎麼做到的？但我知道，這個溫暖的家庭中最重要的女人——我的媽媽，她要回家了！

後來，更出乎我意料的，一次聽到朋友眉飛色舞的談起正在上的國際標準舞課，她一點都不需要再尋求誰的肯定，自己就去報了團體班，愈跳愈有興趣以後，居然還開始了和老師一對一學習的個人班，不只學習上得到成就感，身體改善、生活圈擴大，心情也更不同了，開啟了良性循環。甚至還自己報名了一直是她早年的遺憾，但都用老了來當藉口而沒學的鋼琴課，還有連最自卑又無力的英文，也願意從最枯燥的背單字開始學起。

生命不能掛勾

媽媽常說：「你走心輔這條路真是太棒了！因為你不僅改變了自己，幫助了我，也救了我們家！」。但其實，是她幫了我，也救了我的生涯啊！不僅是因為媽媽對我身體與心理上的支持照顧，更是因為，若不是她給我一個堅持下去的理由，我不一定能忍受那麼多的低成就和辛苦而堅持走這條專業助人道路；若不是她，我無法體會心理輔導與諮商並不只是一種關在晤談室裡才能使用的特殊理論技術，更是一種反思自己是如何面對生命，落實在生活的人生態度；若不是她，我不可能有機會這麼沉重，那麼深刻地面對：即使我再怎麼愛一個人，即便我再怎麼用力想要幫忙，但我必須謙卑、必須放下，沒有兩個生命是彼此掛勾的，也唯有認清了這樣的限制，我才不會被捲入漩渦中，可以暫時融和在一起，但也可以退離出來，而產生更多智慧的力量。

現在，是我的媽媽，賜予了「回家」這麼幸福的意義，不管白天多忙碌、腰酸背痛或廚房的事多瑣碎，媽媽總會擺滿滿桌的豐盛菜餚。好朋友鋼琴詩人王俊傑曾與我共同創作了一首歌，叫做「放心的沉默」，其中的幾句歌詞是這麼寫的：「我不想說話，我就是要一直感受著，這樣呆呆看著，這樣傻傻笑著，是你們給我祝福的溫度；我不想說話，我就是要一直享受著，這樣溫暖聽著，這樣自在放鬆著，如果你也曾相信我，為我感動過，那是我的家給了放心的沉默，所以我可以更寬闊。」我不知道這個家會陪伴我多久，但何其有幸能成為其中的一份子，這個家，我會永永遠遠把它存放在內心最幸福的位子，持續帶給我堅定穿越生命的柔韌力量。

芯言心語

我們總是以為，用盡全力就能守住想要的東西，就能挽救即將失去的一切，如果我夠努力，一定可以，如果做不到，一定是我還不夠努力！但我們必須得承認，**人生本來就有許多操不在己的事，本就要面對許多無能為力的時刻**，太在意、太渴望，**逃避無力，卻讓我們捲入更無力的漩渦中**，不但不能幫助心愛的他，還賠上了自己，搞得兩敗俱傷。

悲傷教育學者愛倫沃福特（AlanD.Wolfelt）曾說：「『陪伴』是保持靜止，而非急著向前行；是發現沉默的奧妙，而非用言語填滿每一個痛苦的片刻；是用心傾聽，而非用腦分析；是見證他人的掙扎歷程，而非指導他們脫離掙扎；是出席他人的痛苦，而非加強秩序與邏輯；是與另一個人一起進入心靈深處探險，而非肩負走出幽谷的責任。」如果發現自己很努力的對人付出、關懷、協助，換來的卻是一次又一次的失望和無奈……，這些訊息是在告訴我們：**堅持不放棄是幫助我們克服困難的信念，而不是始終用盡全力的使勁**，無力，是因為總是太想用力，太過用力。

我們必須謙卑的接受沒有生命是可以互相掛勾的，自己根本不可能成為別人生命的拯救者，別急著跳進去，別忙著為他解決問題，才能維持健康、平衡的關係界限，也才能給雙方自我承擔的成長空間。**看似無力，實則更有力量，因為，生命太巧妙，能轉變它的，永遠不是蠻力，只有巧勁。**

Lesson 4-2

面對自我否定

掌握三把尺

做為一個治療師，我要使力的，不是清楚的看穿個案，而是營造我們之間信任的關係，如同太陽持續的穩定發光，讓個案逐漸把一層又一層的防衛卸下，自在的與我一起踏上自我療癒的道路。

危機個案的到來

一天，接到社工焦急的電話，有位個案因中途失明，無法接受這突如其來的變故，直嚷著要自殺，家人都嚇死了，也已通報了自殺防治中心；他更表示如果要諮商，絕不會接受一位明眼心理師，社工好不容易說動他來跟我談談，請我盡快安排時間。

這是我最害怕接到的其中一種電話，因為預約好的工作是不能輕易挪動的，這是我長久樹立的信譽問題，但面對個案有急需，我又知道對中途致殘者而言，我的出現不只是心理師，更是象徵榜樣和希望的同儕支持，即便我早已跟社工說明日前因工作量大，個別的個案只能插空隙的盡快安排，但面對如此危急的個案，我還是硬擠出兩個小時配合。

見面的前一小時，我強烈的感受到他身心的痛楚，說出的每一句話、想到的每一個念頭都讓他如坐針氈、坐立難安，面對這突如其來的橫禍，他已經慌亂到難以回應我的任何同理或提問，沒兩秒就又掉回黑暗的漩渦中。第二個小時，他終於正視了我的存在，雖然無法直接承諾不會執行自殺行動，但願意預約下次見面，答應會考慮增加就醫頻率，也已能跟我討論若他很過不去時的緊急求救資源，以及等待我們下次碰面前能如何安撫和照顧自己。

離開時，我抱歉的跟社工說，接下來的預定行程很難挪動，必須兩個多禮拜後才能再見到面了；我也叮嚀社工，看起來個案在談話後的想法有些鬆動，但仍然非常不穩定，請時常打電話關心他和他的親人，密切留意他的狀況，看看還有什麼資源可以協助吧！

返家後，寫完紀錄，一如往常的，我必須得放下這位個案，回到我的生活，雖然我知道對於自殺危機這麼高的狀況，兩個禮拜的間隔實在是太長了，可是社工願意信任我，個案也願給我機會，應該不會有事吧！

噩耗傳來

兩個禮拜後，那一天早上一如往常，我先打開了電腦，一邊回著數不清的信件，一邊整理著接下來要用的各種教材。

突然，熟悉的旋律響起，是我的電話，我接起手機，那頭傳來社工略帶哽咽但卻力持鎮定的聲音：「老師，明天妳不用來了，他結束自己的生命了！」

放下電話，坐在書桌前，我發呆了好長一段時間，腦中不斷盤旋：「就是明天了，我們就見面了，他為什麼連一天都不願意等我？是不是我多說了什麼，還是少做了什麼？為什麼我明明知道他是那麼危急的，卻沒有為了他改變行程？為什麼我這麼輕忽，明知道兩禮拜的間隔太長了，還覺得什麼事情也不會發生？如果上次接案到現在，我有想起他，會不會就會多做什麼，而不會有這種結局？」

雖然我知道每個人都有自我選擇要如何對待生命的權利；雖然我知道我一點也不偉大，即便多密集的接觸，也無法保證什麼；雖然我知道社工和家屬們都不會責怪我，因為一開始便知道我只能硬擠出時間配合。但是心裡的那些千迴百轉，化為一滴滴的淚，最後都變成了一句結論：「你不是一個助人者嗎？你有幫到什麼忙嗎？你根本不配當個心理師！」

我能不能當心理師？

「不配當個心理師」是我給這個輕忽大意又草率對待生命的自己嚴厲的懲罰，也認為那是我對自己的最終審判；心裡決定，不要再走心理師這條路了吧！也暗自盤算，有多少工作可以推辭，多少預約可以取消，多少演講可請人代打？

心裡的思緒又繞了這麼一大圈，語音手錶提醒著現在接近離開家的時間，我準備關掉正在整理的教材檔案，PPT畫面停留在「搶回衡量自己的那一把尺」這句標語上，不知怎的，心裡突然有一陣悸動，但現實不容我細細咀嚼，匆忙背起背包出門去，而這件事，也就這麼被淹沒在堆積如山的忙碌中，被暫時遺忘了。

三天後，當我站在講台上，說著許多案例故事，提醒學員我突然覺得自己荒謬的可笑，可以振振有辭的教別人，怎麼自己居然忘了呢？我不是還是完全拿我的個案優秀與否、解決問題與否，選擇生還是死，來衡量我適不適合當心理師嗎？我到底是怎麼看待一個心理師？我自己衡量是否是一位好心理師的尺又是什麼呢？

撥雲見日，回到諮商本質

我想起那對我而言好重要的寓言故事，也是每當別人質疑我看不到，如何做諮商時的回答。

太陽和北風比賽著，誰可以讓眼前的這位旅人脫下衣服，誰就贏了。北風大力呼呼的吹，但旅人只有把衣服拉得更緊，領子豎得更高；而太陽，只是自然放射出他的光芒，散播著溫暖，旅人就自動把一件件的厚重外衣脫下。是的，如果那個旅人就是我的當事人，我希望他願用真心與我交會，那我要怎麼做呢？我不是個像北風一樣的治療師，高高在上的觀察你的舉手投足，指出防衛，想吹掉身上的武裝；我要努力當個在寒冷冬天裡，如同太陽的心理師，持續的穩定發光，讓你感覺溫暖舒服和信任，逐漸把一層又一層的防衛卸下，自在的與我一起踏上自我療癒的道路。所以我要使力的，本來就不是清楚的看穿個案，而是營造我們之間信任的關係啊！

那我的尺是什麼呢？一個希望自己在個案的冬天裡如同太陽般的心理師要怎麼衡量自己呢？

第一把尺：我有沒有專注在當事人身上？我有沒有放下自以為是的認為，尊重且進入他的世界中體會？我有沒有在這一個小時屬於他的時間裡面，讓我的腦袋和我的心全心全意的都跟他在一起？

第二把尺：我展現出多麼開放的態度，讓當事人願意自在的與我建立信任關係？讓他願意一層一層打開自己，不必擔心我會評價、指責或誤解他？在我們之間是否夠安全，夠支持、夠讓他放心呢？

第三把尺：我有多盡力的去思考各種可能性，各種我學會的諮商技術，用個案可以接受的方式和步調，嘗試引導個案朝向他想要的目標邁進？

這是我找到一個太陽心理師的三把尺，諮商最後的成效與太多因素有關，我何德何能，怎麼可能全攬到自己身上，但至少我有衡量自己的三把尺，在個案心智狀態不穩定、在外界環境不利、在現實配套條件很不足的狀況下，還是能穩住我自己的心，即使有人說我的教材很糟，覺得我演講功力太差，回饋我上課無組織無章法，我都虛心接受，但我更肯定自己的好不會被拿走，我能給予自己最公平合理的評價，我更篤定、更自在，也更相信自己會繼續往前走。

最後，我想要對你深深一鞠躬，「謝謝你，雖然我們一起同行只有短短兩小時，但我會把你、把你教會我的，永永遠遠放在心上，祝福你！」。

芯言心語

經過好長一段時間從書籍和故事中摸索，我從自己的經驗整理中領會，原來，我們有三種途徑可以找回那一把「自我評價」的尺：

第一，**與自己有關，而不是與他人有關**。當衣著光鮮亮麗、美麗大方是為了得到別人的掌聲和讚美，這是別人所建構出來的尺，不是我的；但如果外表的打扮是為了自己能夠更抬頭挺胸心情好，這貨真價實是自己說了自己算。

第二，**重視的是過程而非結果**。不是一定要看到如何結果才算數，而是在過程中需要持續發生的。像是想要成為一個好媽媽，如果把自我價值建築在孩子是否學業有成、事業順利、光宗耀祖，那是無法掌握的尺，因為會影響這結果的因素太多；但如果看過程，是否以身作則的樹立孩子優良美德的典範？是否願花時間理解和陪伴讓他有被支持的感受？是否能給予一個自由的空間，讓他能安心的探尋人生方向？則是掌握在自己手中的尺。

第三，**看重的是意義而非表面**。不是這件事情有沒有發生這麼表象，而是探究事情背後對自己的意義為何，做這件事的本質是什麼。每日閱讀如果是為了像集點數一般，充其量只能累積小小成就，但回到本質，閱讀如果是為了在書中有所領略和共鳴，對自己、對別人和對世界更加理解，那麼是否提升自己的智慧就是自我評估的尺；冒險如果只是為了感受刺激，就像煙火一樣一閃而逝，但回到初衷，是為了激發自己踏出舒適圈的勇敢，所以是否能從體驗中突破超越自己就變成了另一把衡量自己的尺。

更有意識的去看每一個角色、每一種關係、每一件在做或想做的事，哪些是別人的，哪些是自己的？哪些是結果論的？哪些是過程中發生的？哪些是表面的，哪些又是對自己真正的意義？看到了還可以加油改進的方向，但同時，也更清明的肯定了自己的好，**評估、判斷都只有你能決定，因為我們掌握住了衡量自己的那一把尺**。

Lesson
4-3

面對金錢

小公主與無底洞

錢的問題從來不只是錢的問題本身，更核心的是，我們用什麼樣的思維來想它、用什麼樣的態度來看待它、用什麼情緒在吸引它，原來，我們與錢的關係，才是真正能否變有錢的關鍵鑰匙。

問世間，錢為何物？

錢，它到底是什麼？是好人還是壞人？是天使還是惡魔？從小沒有經歷過真正物資匱乏的我，對錢有一種矛盾的感覺，似乎有它的幫助，可以決定自己想要的生活，但又覺得它是令人尷尬的，把錢先握在手心，拿到商品時順手交給老闆，好避免把鈔票從錢包裡拋出的困窘，這個自認為是千金小姐的清高小公主，從小就住進了我的心裡。

在私立小學的日子裡，我們被嚴格要求的是品格，被一再訓誨的是做人做事的道理，金錢從來不被鼓勵拿來說嘴或比較；但每當同學生日，眼看他們大方的發給一人一桶乖乖桶，而我，卻只能全班共享一桶。一方面羨慕，但我的清高小公主更是對錢討厭至極，它只是一種滿足虛榮心的工具，讓別人感到受壓迫的武器而已。

錢才能守護我和我的愛

從國三因腦瘤生病開始，只要有可能救我的命，爸媽都不惜血本，醫藥費、營養補充品、求神問卜的香油錢、出國機票和生活費……，我不知道他們是從哪裡變出來這些錢。聊天時爸爸說我是「傾國傾城」的美女，因為房子賣了、公司結束了；而媽媽則是那陣子最主要的經濟支柱，到處調頭寸、標會是生活中的日常。

原來，我的命是由這麼多愛，更是這麼多錢才能換回來的，面對親身體會過的無常，一瞬間就可奪走一切的未知，過去對金錢的需求終於一股腦的跑了出來，我的匱乏與恐懼似乎比一般人更多，就像個深不見底的無底洞，怎麼填都填不滿，只是滿腦子想：沒有錢，我拿什麼照顧自己？當我愛的人面臨變故，我有什麼條件可以讓他們像當年的我一樣獲得生存的保障和生命的尊嚴呢？然而，在恐慌著想抓取的同時，內心那清高的小公主卻嚴厲駁斥，好鄙視、好生氣、好瞧不起這樣的自己，怎麼那麼現實？那麼市儈？那麼銅臭？

當我走上助人道路，別人都說：「如果你想發財，就不要從事這一行。」或是「助人工作是不可能賺到錢的！」是的，似乎那些只求付出，不求金錢報酬的人才是令人尊敬的模範，難道兩袖清風就是助人工作者的宿命？

開始跟錢打交道

出社會的一開始，因為根本沒人知道一個視障心理師到底能做什麼？要如何跟他合作？那時我缺的不是錢，而是一個展現自己的舞台，所以我先去借錢，然後就完全不計較得失，不盤算代價，只要你給我一個機會，我什麼都不要求，無底洞和小公主暫時休兵，如果連工作都沒有，哪有錢賺？

當真的有人開始給我薪水，而且還有人給的多，有人給的少時，原本可以不食人間煙火的假象平衡被打破了。雖然要自己都一樣遵守職業道德，以平等心看待每一個人，卻厭惡的看到自己居然有比較心，當價格的差距漸漸拉大，不只是內心會更期待、更興奮，事前更用力準備，對於較高價位的邀約立馬排入行事曆，還會去挪動原先低價的行程，我更是無法原諒這樣自私的自己。

每當朋友調侃的說：「就你的時間最難約啦！接那麼多工作幹嘛！你真的搶錢搶很大哦！」我總會義正詞嚴的告訴他們，我有多麼珍惜每一個機會，並再次把「在沙灘上撿海星，雖然海灘很大，飄流到岸上的海星救也救不完，但丟一隻海星回到海裡，一個生命就得救了」的故事重說一次。當我滔滔不絕的說著自己助人的理念，內心卻有一塊隱隱做痛：是的，珍惜機會是真的，想要付出是真的，想讓生命更好是真的，但我就是想要錢，也是千真萬確的。

某一天，我與一位素來以熱心付出、慷慨奉獻著稱的朋友談天，他是我助人者的典範形象，敞開所有丟臉、羞愧、難以啟齒的苦惱，我訴說著內心對金錢的掙扎和苦悶，陳述自己竟然有比較心，800元的就不太想幫，1200元的就會想去，如果是1600元的，更要美言包裝，說什麼都要爭取到好康，而且價格的差異甚至還會影響我決定要用多少力量來準備，我實在覺得這樣的自己沒臉見人了！

結果，坐在對面的他，狐疑的說：「我還以為是什麼嚴重的事呢！這不是很正常嗎？我也會這樣啊！」

一步步面對自己對金錢的想望

助人者一定不能有錢嗎？那如果他自己都過不好又怎麼去幫助別人呢？「助人工作不是為了賺錢，但是一定要能賺錢」是我第一次對金錢真實的理解，也是第一次在生活中正視金錢的定位。

當逐漸踩穩與金錢的關係，也確定這條生涯路可以自給自足的時候，真正的練習才要開始。面對工作邀約，我如果繼續來者不拒，只有累死的份，珍惜機會是件簡單的事，拒絕工作卻是件超難的事，尤其是無法用社會影響力或意義性來抉擇要或不要，必須明白以金錢來做為篩選標準的時候。

就以前往中南部演講來說，因為需要在交通上花費大量時間，加上事前準備工作，如果沒有一定的金額收入，這些成本很難吃得消。

起初，面對對方的邀約，我總是委婉的回應「希望能有三小時以上的服務需求」，拐彎抹角的，其實就是希望能有三小時講師鐘點費的意思。因為往來信件都十分曖昧不清，光是澄清就要花費好多時間，總算對方了解也表示會安排了，我也不敢追問到底會給我多少錢。但到了現場就有許多荒謬的劇情上演，有的以為我是佛心來著，一趟下來想要有三小時的奉獻，所以不足的部份就安排我入班當免費志工，或是義務再進行分享；也有每個地方給的鐘點費不一，收到時居然發現我以為的公定價直接被砍半……，這一切，我只能自嘲，要撞幾次才學得會誠實面對心裡對錢的想望呢？

經過一年多反覆的面對自己，我終於更坦誠了，寫了一個公版的說明文字回應對方首次發來的邀請信件：「因為工作量大，身體實在無法完全負擔，只能以收入來進行篩選，目前外縣市至少要三個小時的鐘點（教育部外聘講師一小時兩千元，交通費另計），才有辦法負擔事前準備工作和交通成本，謝謝您的體諒與包涵。」

可以把金錢清清楚楚的說出口，甚至還能訴諸文字，應該過了這一關吧！雖然每說一次就尷尬一次，每寫一遍就難為情一遍，我會不會被認為在耍大牌？會不會成為拒絕往來的黑名單？安撫著這樣的焦慮，我堅持繼續把錢攤在陽光下，卻發現從費用調高後，明顯感覺到雙方都更珍惜合作的機會，更用心看待每次心靈的交會，到年終時，看到自己的總收入並沒有因而減少，卻讓我有更多心力與時間去創作部落格、粉絲專頁，甚至之後還可以成立Youtube的專屬頻道，讓網路無遠弗屆的力量將心靈療癒帶到更遠的角落。是的，我要有錢才能助人，如果想要幫助更多的人，我需要更多的錢才能辦得到。

無底洞與小公主到底誰是對的？

還來不及為自己驕傲太久，又從別人口中聽聞，即使我總是以低姿態當面溝通，請求寬恕與諒解，面對首次的邀約也即刻以文字說明清楚自己目前的處境和評估，還是有人會說：「朱芯儀現在姿態那麼高，還沒紅就耍大牌了哦！現在有別人要，就看不上眼我們了嗎？這就是標準的過河拆橋！我早就知道她那種好野人不可能來服務的啦！……」我不知道這些閒言閒語是否真實，轉述的人也總是小心保密消息來源，讓人更摸不著他們是好心提醒或是別有用心。但真不出所料，有人會這樣想我，這樣看我，是不是我太高調？是不是我真的太沒同理心？是不是我做人太失敗？心中除了被誤解和污衊的翻江倒海，那個對沒有錢恐懼萬分的無底洞，和自認清高的小公主又激烈的打了起來，吵著錢到底是必要的，還是可恥的。

我知道，無底洞一直都在，小公主也從未離開，他們就是我心上的一部份，並不會因為開始可以跟人談論金錢、為自己的服務定價、或主動與人討價還價就不存在；而我，除了如同接納失明一般的與他們共存，還可能擁抱他們嗎？

2019年11月1日新光美麗人生公益演講的講台上，我鼓勵大家敞開心中的傷，在舉例承認我的失明、承認我的小心眼後，透過麥克風，我大方的自我調侃，向台下200位，以及直播和Youtube的所有觀眾大聲宣告：「以前，我超級害怕別人說我愛錢，但我就是愛錢，又不是死要錢，不行嗎？」語畢全場的一片笑聲，甚至還有人給了掌聲，謝謝觀眾朋友給了我最有力量的幫助來面對一直糾結的自己。

感謝對金錢的匱乏有如無底洞的恐懼，才有足夠的拉力，拉著我非得正視自己對金錢的想望；感謝小公主的存在，我才沒有被沒錢的恐慌吞噬，讓我一直提醒著自己，賺錢是圓夢和守護所愛的重要手段，但絕不要忘了自己想要付出溫暖和分享美好的初衷。而我發現，當我如此坦白並心懷感激，神奇的事發生了，他們都不約而同，露出了滿足的微笑。

芯言心語

你想有錢嗎？想，當然想；你希望有更多錢嗎？希望，當然希望。應該很少人會有否定的回答吧！但原來，我們常常幻想的，只是有錢後的結果，可以買想要的東西、開名貴的跑車、到處旅遊吃遍各地美食，錢能為我們解決好多問題；但似乎這是自然而然的結果，獲得錢的過程卻鮮少在腦中排演，如何面對自己的想望、如何收錢、如何取捨金錢的比重。就像每個人都有成就價值和關係歸屬兩大類的心理需求一樣，想要被肯定、被尊重，也希望被愛、被接納，但只想著結果，我們卻很少思考要如何好好溝通、經營和處理衝突，在放任和委屈自己，在獨立和依賴中間，難以赤裸裸面對內心深層的矛盾。

有些誤解可以一笑置之，有些卻像利刃般劃破我們的心，那些不可承受之重，為何會如此讓人不堪，有時是因為外界所造成，但很多時候，卻是因為那顆心原本就已經破裂了，誤解的話語帶領我們照見了自己一直抗拒，說什麼都不願觸碰的碎片。如同失明不只是視力喪失的問題而已，更深層的卻是好強、自傲和自我否定的困境一般。錢是個很具代表性的能量，它引導了我看見了還不被自己完全接納的部份，我的自我中心、愛計較、貪婪、愛面子……都被勾了出來，讓我不得不在面對金錢的功課時，也必須正視這樣的自己，但當我面對心中的黑暗，也才能讓未來有光明的可能。

你覺得自己值得擁有很多錢嗎？你怎麼看有錢人呢？你覺得錢是罪惡的、談錢是可恥的嗎？你對錢的恐懼和匱乏有多少呢？有太多課程在教我們如何賺錢，太多書籍在介紹理財工具，但**錢的問題從來不只是錢的問題本身而已**，更核心的其實是，**我們用什麼樣的思維來想它、用什麼樣的態度來看待它**、用什麼情緒在吸引它，原來，**我們與錢的關係，才是真正能否變有錢的關鍵鑰匙。**

Lesson 4-4

面對安逸 讓自己下不了台

願意聆聽別人跟你說真話，也讓別人願意跟你繼續說真話，才能讓自己不斷向上提升，而不是向下沉淪的開始。

這是什麼好同學

工作五年後，生涯路已逐漸穩定，跟不同機構、學校還有族群的合作默契已經建立，講述分享的主題也慢慢熟悉，雖然不能說駕輕就熟，但已是心裡有譜。能用滿滿的能量，好好的對待每一個Case、用心的在每一場授課發揮、穩穩接住每一位來談者的生命課題，這應該就是我竭盡所能的珍惜了吧！

一天，結束了一場開心的飯局，好同學送我回家。回想國小時，兩人不同班，雖然互相聽過彼此，但我是老師面前的好學生，他是大人眼中的壞孩子；國中時同班，我們依然錯過彼此，就像黑與白，沒有任何交集；但在我失明後的一次同學聚餐，因緣際會認識了改變後的彼此，開始變成無話不談的好友，甚至在他的結婚典禮上，讓我穿上了正式禮服，步上紅毯成為了他們的伴娘，這是他們的方式來安慰當時失戀的我，讓一個害怕有可能再也遇不到對的人的我，有了轉移傷心的目標，有了繼續樂觀走下去的動力。

我坐在副駕駛座上，轉頭與他的太太聊天談笑著，而他一如往常的插句酸人的話，搞的全車滿是笑聲。不知怎的，話題轉到了我的工作，而他還是一樣調侃的問：「怎麼樣啊？我們全台灣的首席諮商師，最近在忙什麼啊？」

回應著他的談笑，我也不正經的回答：「還能怎樣，不就是老樣子！」接著又看似抱怨，實則炫耀加討拍的說：「真的太忙太累了，事情沒完沒了。我還在想要怎麼安排，時間不夠用啊！」這時候，同學趁一個紅燈轉頭向我，一改原本輕鬆的口吻，認真的問了句：「妳要聽真話嗎？」我的心裡陡然一沉，有什麼話？需要那麼沉重嗎？但有人這樣問，當然要假掰裝大方的說：「好啊！你說！」

隨著綠燈亮起，他的目光重回正前方，邊踩著油門邊說：「以前我很驕傲有妳這個朋友，那時候，妳什麼都敢做，什麼都想嘗試，帶營隊、玩社團、單槍匹馬去實習，還玩高空彈跳，妳不是很用力的用這些東西累積出生命的養分嗎？可是現在，好像有了一些成績，卻讓我覺得妳一直停在原地？」

他說的不是真的！不是對的！我有一百個理由告訴他：「是你誤解我了！」，但當下，一句話也說不出口，委屈的眼淚不自覺的掉了下來，然後四個字跳出腦中：「羞憤交加」。坐在後座的太太慌忙打圓場，一邊說著：「也沒有這麼嚴重啦！他不是這個意思啦！」一邊體貼的遞上了衛生紙。而他仍然不留情的繼續說：「妳知道為什麼嗎？因為妳以前什麼都沒有，反而沒在怕，現在什麼都有了，卻害怕失去，不敢動了。」

懺悔與反思

車子停在家門口，我深吸了一口氣，說：「謝謝你，我會好好想想。」已經很久，讚美和肯定常環繞周圍，就算有檢討或批評，也是我對自己自我要求的聲音；雖然不中聽，我知道那是他的真心話，雖然不願意，但它打中我了，要不然我只要大發雷霆就好，為何會覺得羞憤交加。

步入家門後，我沖了一壺熱茶，把自己埋進沙發又開始哭，但這次不是委屈，而是懺悔的眼淚。沒錯，他說的對，我陶醉在這樣穩定舒適的氛圍裡，但其實我是愈來愈心虛的，細細檢視那空洞裡面，每天都在掏出和給予。我的世界充滿著別人的生命、故事和聲音，而我自己，站在原地，好像就停在這裡，我驚恐的預見，如果繼續這樣的日復一日，十年、二十年後就算活到最好的狀態，居然也只能和現在差不多！如果我的夢想是要把心理療癒的強大能量推向全世界，讓大家都認識朱芯儀，願意給我一個機會，聽聽我說話，我甘願就在這裡停住了嗎？

身為一個總是鼓勵個案突破和改變，勇敢跨出舒適圈的助人者，當我自己要往更好的版本邁進時，卻紮紮實實的看到自己是如何的害怕失去、不敢犯錯、抗拒承擔風險，而如果連我自己都卡在這裡，如何能自信的引導個案們走向自己冀望的更好人生？

改變的拉力和推力

在諮商經驗中，我發現「趨吉」和「避凶」常是一個人改變最重要的兩股力量，因為有著讓人喜歡又愉悅的拉力，再加上不得不如此，否則結果很慘的推力，一拉一推之間，同時帶著勇氣和恐懼，自然就會朝未知的地方奔去。而面對自己，幫助我改變的又是什麼呢？

正當我處心積慮的思考自己要如何前進，上天似乎也感應到我的不同，一名正在大學特殊教育學系任教的同學突然來電，告訴我他出給學生們一份作業，就是要幫助一位障礙者完成心願，但有一組同學找不到這樣的障礙者，問我可否幫忙？雖然那時腦子裡沒有任何構想，到底能請學生協助完成的是什麼，但這就是我的第一次機會，一口答應。

想到小我將近十五歲的孩子最擅長的就是網路世界，我的第一個心願出爐了，我想成立一個「朱芯儀心理師的分享集散地」部落格，把我所撰寫過的文章、受訪的影音等等，全部依不同主題分門別類收錄與大家分享。我享受著與學生們合力築夢的過程，但也發現，如果不是因為與他們協力完成，整理出這些媒材，這個耗時費力的大工程，以往必定被我捨棄，就像做個人報告容易拖延，但團體報告就不會一樣，因為害怕自己的延誤將造成他人的困擾，我每次開會都親口承諾進度，逼著自己按時繳交。最後，我們還討論了要放一部影片在部落格的置頂貼文處，讓讀者一進來就可透過影片認識我，雖然到了前一天，我還不確定自己要說的內容是什麼，但看著他們找好觀眾、借好錄影器材、安排好人力，答應過就不能丟臉，說什麼也要硬著頭皮上了。

這次經驗，讓我深深切切的了解到，改變自己的拉力和推力到底是什麼——「人際關係」絕對是最有吸引力，讓我喜歡靠上去的拉力。就像每次別人問我：看不見為何還如此愛旅遊？因為可以跟愛我的人和我愛的人一起相處，就是旅途裡最讓人心動的風景，所以我一定要找尋合作伙伴，讓他們就像陪跑員一樣，與我一同跑這條改變之路。而逼迫我跨出舒適圈，不得不的推力，「愛面子」的這個特質躍然紙上，曾經，它讓我活得好不自在，完美主義的要求每個小細節、用偶像包袱檢視我的舉手投足，還龜毛的看待每次出手的文章、簡報、錄影等，因為已經答應了、承諾了，做不到的丟臉正是迫使我會依言往前挺進的動力，陪跑員的存在，使這樣的丟臉不只停在內心自我對話，還攸關誠信問題，更會使我不致迷失在許多緊急的待辦事項中，撥出時間給那些真正重要的事。

所以，我一改向來單槍匹馬的習慣，如果有很想要前進，卻裹足不前的，開始會不斷嚷嚷的呼朋引伴、招兵買馬，然後誇下海口大聲的、公開的說出來，讓大家都知道，我就是要用這方式逼自己下不了台，真正的改變才會發生。

協力交出亮眼成績單

部落格成立後三個月，我的「朱芯儀視障心理師」粉絲專頁也開張了，所有網路的讀者都是拉力也是推力，因著他們的按讚和回應，我享受這種人與人間的溫暖，但也因為總有他們期待的眼神，我逼著自己硬擠時間反思，面對文字障礙而學習精準表達，留下我來過，而且持續累積的足跡。

在體能鍛鍊方面，也有了重大的突破，以前的我，就算新陳代謝明顯變慢，再平常不過的吃喝都已造成身體發福的負擔；就算每年奉上破萬元的健身俱樂部費用，續約時還是知道又白送錢了；就算歲月已讓體力逐漸退化，尤其不靈活的右邊肢體受到地心引力的強烈牽引……我，就是這麼任性，不想運動！但自從挑戰了三天驚心動魄的海上獨木舟冒險，連續九天只能專注踩踏，騎得不要不要卻能說嘴一輩子的鐵馬環台後，我堅持著跟自己的體能與肢體的不平衡下戰書，一個人會偷懶那就報名團體課程，跟隨著老師的專業帶領、享受著夥伴們你一言我一語的快樂，也因著他們的存在，逼著自己不能當逃兵，每週不間斷的飛輪課、彈力球課、國標舞課至今仍在持續進行。

2018年更是能量與機緣巧妙結合的開始，在結合了更多夥伴共同協力、制定更清楚的目標之下，交出了亮眼的成績單：首次站上師大畢業典禮的講台致詞，為2018全民心動心理師節獻出人生第一場街頭演講，並成立了專屬的Youtube頻道，已精選了超過百部演講實況、採訪錄影、課程花絮等影片；還登上智業文化出版的高中生涯規畫教科書，榮獲第56屆十大傑出青年、台灣諮商心理學會傑出心理師獎、內政部第22屆身心障礙楷模金鷹獎，和私立復興實驗高中傑出校友獎。

最近，工作的挑戰更未曾停歇，我以最短的時間完成了黑暗對話社會企業的學生同理心研究案、擔任警專心理學教師、廣播節目主持人……。甚至連這次從打算出書的一開始，我就找好了專屬陪跑員，每個星期主動關心和提醒我進度，每次撰寫後給予回饋和建議，卡住的時候幫我分析並協助找資料，也在許多公眾場合公開用麥克風詢問大家：「我2020年要出書了，你們會買嗎？」，就是要逼自己下不了台。

回到2018年10月8日，正在連續九天鐵馬環台的踩踏旅程，終於結束了當日從彰化前往台南的日行百里，洗掉一身的疲憊，我躺在飯店床上滑手機，突然，聽到手機的語音報讀讀出一封信的寄件者，我趕忙起身端坐，手指顫抖的點開信件：「敬致參選人朱芯儀女士，很榮幸的通知您，當選為第56屆十大傑出青年。」拿起手機，我撥通了那位好同學的電話。雖然事過境遷，已一陣子不見的我們聯絡時還是如往常的互動，該罵的、該笑的、該調侃的，還是一個也不放過，也許他已老早忘了曾說過什麼，但這通電話，不是為了得意的炫耀，不是為了揚眉吐氣的嗆他幾句，而是誠心誠意的感謝，謝謝好同學願意冒著讓我不高興的風險，仍堅持說出真心話，我才能找回初衷，靠近更喜歡的自己。

芯言心語

以前閱讀古代先賢的作品，總是大惑不解，尤其是孟子的「生於憂患，死於安樂」，好好的日子不過，為什麼要那麼自虐呢？但如今才知道，**安樂真的就是殺死夢想最有效的慢性毒藥**，在安逸的溫水裡，我們就像隻快被煮熟，卻絲毫不知的井底之蛙，以為世界就這麼大而變得自滿，習慣於這樣的日復一日，恐懼未知、害怕風險、不敢失去，初衷和志氣也漸漸被淡化，最後只要能守著現在就好。

真的不是多聰明或多優秀，只是**在必要又重要的時刻，我捨得殘忍的對自己下狠手**，為什麼？除了夢想的支持，我希望自己能夠為這個世界創造更多心靈的美好以外；還有一個重要因素，就像我們與一個滿臉痘疤的美容師，一位蓬頭垢面的美髮師很難建立信任關係一樣，心理師是結合我的生命體驗與專業學習的志業，引導人們覺察、接納、面對和改變，當然也要如此自我要求，找到方法來對付自己，這個初衷就是驅動我最大的壓力與動力。

但是，許多如同我一般有夢想的生命，卻無法自知正處於快被煮熟的危機裡，身邊滿是歌功頌德與讚揚，沒有發現，更不會跨出安逸，所謂高處不勝寒，我還沒爬高就已經感覺快被凍僵而麻木了！我領悟到，愈覺得有點成績，愈要謙虛，愈覺得自己有專業，愈要願意傾聽，愈是感覺自己有兩把刷子，更要有海納百川的胸襟，**願意聆聽別人跟你說真話**，也讓別人願意跟你繼續說真話，才能讓自己不斷向上提升，而不是向下沉淪的開始。

知名作家也是伊甸基金會的創始人劉俠女士曾說：「除了愛，我一無所有！」，是的，**因為擁有，我們害怕失去**，當我們能像劉俠女士這般在心態上讓自己不斷歸零，一無所有的自己還有什麼好在意、好擔心、好怕的，我願向生命不斷轉動的巨輪說Yes，學著隨遇而安，學著順勢而為、再次蟄伏、再次起飛！

Lesson 4-5

面對死亡 正在寫下的墓誌銘

「死亡是上帝設計出最好的禮物」，只有承認我們每一個人都一直與它共處，包括我，也包括你和他，才有可能穿過恐懼的迷霧，而找到活著的意義。

拉開死亡序幕

發展心理學家們說，約略是在七歲以後，我們才形成完整的死亡概念，而我大約也是在那個年紀，親眼看見死亡序幕在眼前拉開。

「小芯儀」是阿姨對我的暱稱，她會牽著我的手去逛街、去公園寫生、搭配穿戴漂亮衣服，還有阿姨每次看到我時總是眉飛色舞，夾雜著「小芯儀最棒了！」的歡呼聲，我感覺有一個人那麼期待看見我，有一個人那麼喜歡我，有一個人那麼看重我，阿德勒說：「小孩要的沒有其他，被愛和覺得自己很重要的感覺而已！」而我的阿姨，就是這樣的存在。

畫面急轉直下，爸媽牽著我的手進入了多人同住的大病房，我見到身穿白色病服，滿臉蒼白的阿姨躺在病床上，我知道她生病了，不知道自己當時說了什麼童言童語，阿姨虛弱的微笑映入眼簾，但同時也看見一個透明的袋子，裡面滿是綠色液體，大人們說這是從阿姨體內抽出來的，我好驚恐，為什麼人的身體裡會有這種東西呢？

下一幕，我進入了只有阿姨一個人的單人病房，才走近床邊，爸媽就叫我趕快跪下來磕頭，他們說因為阿姨最疼我了，要好好送她走。

後來，阿姨臨終的畫面慢慢從我腦海中淡出，直到在外婆家發現了一本咖啡色的日記，篇幅不多，但每篇卻都是阿姨寫著與小芯儀共渡的快樂時光，甚至裡面還夾著我畫的海底世界。那時我才真實感覺到心痛，第一次與死亡交手，原來它跟爸媽給我多少零用錢、老師誇不誇獎我不一樣，它一點都不會因為我表現的多乖巧、多懂事，就手下留情，它會把我心愛的人就這樣硬生生奪走。

與死亡驚恐相遇

國中三年級，我被確診長了腦瘤，就在全家一片愁雲慘霧之時，死亡卻接二連三來報到。

一天晚上，接到中風外公的電話，外公哭著說：「是不是她不要我了？」，說著外婆早上出門買菜，但到現在還沒返家。憂心忡忡的爸媽急忙趕去外公身邊，一邊安撫著他因久病在床又頓失主要照顧者，那種被遺棄的胡思亂想，一邊推測著可能是發生意外，一一打電話到各大醫院急診室，看看有沒有像外婆的人被送進來。

終於找到了，外婆果真發生了交通事故，但從那時起，死亡劇幕就像是快轉般從開演馬上到尾聲。當我們匆匆趕到醫院後，看到原本健康硬朗的外婆，只能動也不動的躺在床上，她再沒有張開眼睛，幾天後，我又進入加護病房跪下向她磕頭，因為外婆離開了。而在百日內，每日看著外婆遺照而淚流不止的外公也過世了。

一直到現在，每當我覺得異常，久久無法聯繫上某些重要他人，第一個蹦入腦海裡的畫面總是冰冷的急診室，伴隨著即將失去理性的心慌焦慮，甚至馬上想打電話去醫院確認。我知道這些連結都是不合理的，但就是控制不住自己，死亡已經迅雷不及掩耳的帶走了我的兩個家人。

生與死的洗禮

因為腦瘤壓在腦部通往脊髓的腦幹上，我的腦水已經無法排出，整個人被壓迫的變形，隨時有可能失去意識而死亡的危險。我早就無力作任何掙扎，只能任由爸媽和醫生全權做主，但是他們了解我想要知道真相的心情，所以從來不曾企圖隱瞞任何病情，現在發生了什麼狀況？手術成功率如何？最好會怎樣？而失敗又會如何？都告訴了我。

後來，我們愈談愈深入，爸媽也不閃避任何有關死亡的討論，如果我死了，想要怎麼被安葬？他們怎麼辦？他們的生活要怎麼繼續下去？會怎麼紀念我？每一個話題，交織著我們多少的眼淚，我和媽媽整天抱頭痛哭，堅強的爸爸也不再掩飾自己脆弱的心情，在死亡面前，我們為可能逝去的一切哀悼，珍惜著彼此能成為家人的每分每秒。

開刀的前夕，我想到這可能就是死別的最後一夜。我跟爸媽說：「如果我有可能變成植物人，千萬不要讓醫生救我，我寧可死掉，那樣活著的下半輩子會比現在更慘。」直視死亡後，我第一次發現，原來我怕的不是死，我最強烈的膽怯，是來自那種完全由不得自己的絕望痛苦。

死亡也可以給命

從最後一次手術後醒來，還來不及為好不容易逃過魔掌而開心，卻發現眼中只剩光和大色塊、右耳聽力完全喪失、加上右半邊肢體的失衡和不靈活，我根本不知道怎麼跟自己相處，帶著這樣殘缺的身體要怎麼面對未來的每一天？所以，死亡不來找我，但我卻常常想去找它。

更讓人不知所措的是，因為腦瘤攀附在生命中樞上，而且緊緊包纏著神經，醫生要切除時很可能就會讓我致命，所以只敢取走外圍的腫瘤，而會造成生命危險的那一部份，則運用當時最新引進的加馬刀射線，封存在我的腦袋裡。一方面與家人一樣，我感激著當時正好引進這樣的高科技，讓我得以保住了小命，但為了確認腦瘤是否還乖乖的待在那裡，沒有變大，也沒有轉移，每半年都必需照一次核磁共振，每一次坐在診間，就彷彿自己是個法庭上的被告，等著死刑還是無罪釋放的宣判，每一次的回診，沒有停歇的提醒著：我的生命永無寧日，仍然與如影隨形的死亡結伴同行。

隨著上了高中，生活穩定下來，也逐漸能接受身體的失去，我開始能將無時無刻不緊盯自己的眼光移開，轉向生活週遭的人身上，卻意外的發現，一塊心上沉重的壓力居然變輕了。

以前的我，很愛家，但也不得不承認，心裡其實很想逃家。每個人都有自己的功課，進入婚姻後更有數不盡的糾結與心酸，雖然爸媽從小所受的家教極好，從不在我們面前爭吵、羞辱對方或有任何肢體暴力，但那冷到冰點的氣氛，我清楚地知道，他們在一起一點都不快樂。也許國中時名列前茅、音樂體育美術樣樣精通、全國科展第一名的光環，是為了要有好表現讓他們開心，卻又想逃避這個家的矛盾心情吧！

爸媽已約定要離婚數次，甚至已經簽妥了離婚協議書只等公證，但是，因為死亡對女兒生命的威脅，他們卻成為最相互信任和支持的革命伙伴，當爸爸陪我出國治病時，媽媽一手攬下經濟重擔；當媽媽因感情而無法理智看待，爸爸冷靜分析穩住陣腳，成為最讓人安心的大樹。他們都深深相信，如果沒有彼此，這條路怎麼可能撐得過來？以前的衝突，用體諒代替，過往的怨懟，變成了感激，經過這些大風大浪後，所有的顛簸都只會讓人暈眩卻不會傾斜，他們的婚姻之船因此更能齊心協力，朝向幸福的方向划去。

看著他們，我想：如果死亡讓人有一百個恐懼，但至少我看到了一個好處，而且這個好處就在我最深愛的家人身上，原來死亡不只是要命的，它也可以是給命的，讓這個婚姻、這段關係、這個家可以活的更長、更久、更幸福。

主動找死亡當朋友

上了大學，因為輔修心理輔導，老師帶我們進行了一次死亡冥想，從想像自己會如何面臨死亡的場景？到告別式上會聽見親友們怎麼追悼你？最後面對自己的內心，還有什麼放不下的遺憾？這一些片段其實都曾浮現在腦海裡，但原來我可以不只是等著被它追殺，也可以主動出擊去找他啊！

於是，我便常常主動找死亡進入腦海中，不僅是自己，家人們、師長們、朋友們，無一例外被我真實排演著，尤其與我關係愈緊密的人，愈是常常被搬上舞台當主角。我才發現，面對自己的死亡並不是最可怕的事，與愛我的人和我愛的人道別才是最讓人椎心的痛！面對他們的離開，我會如何看待？我的生活會發生什麼變化？我要如何消化？我從未告訴他們我會這樣做，因為這會聽起來像是詛咒，但一點都不是，既然逃不開也躲不過，我就看清楚、想透徹，正視死亡，面對無常吧！

我曉得自己這樣太奇怪，也好像是個神經病，一次又一次，死亡浮現時，我哭到淚崩，無法承受，掉進慌亂卻抓不到任何東西的無助裡，從以前眼皮一跳，就立馬想打電話確認對方是否平安，到開始能平靜的看著畫面上演，最後，如果真的發生，我會為他們能少受點苦而感恩，為我們曾有的美好而感動，雖然仍會不捨的淚流不止，卻衷心的祝福我們彼此都能在不同的世界裡過的更好。

我的下一刻會怎樣？他們的下一刻又會如何？已經不重要，我更清明的看見，此時此刻還活著的自己要做些什麼才是最重要的。

馴服噴火龍

在紙片上一一寫下對自己而言重要的角色人名，隨著輕音樂和我的引導，把紙片一一揉掉，象徵著無法再扮演這些角色，這些人從生命中退場，然後再一張張把這些紙片攤開，在此時此刻再度與這些重要他人相擁。這是我常在課堂上、工作坊中、團體裡帶的遇見死亡活動，我看到成員們正如當年的我一般撕心裂肺，但在每次吸鼻子、哽咽、擦去眼淚後，卻更知道現在的自己想如何對待這些關係一樣，而這個方法，也正是每次在面對衝突後，我幫助自己的大絕招。

有一天，當先生和我因為一些早已忘了是什麼的芝麻小事而吵得不可開交，照例，我從一隻乖順靈巧又理性的小綿羊，逐漸變成了張著血盆大口的噴火龍；也照例，先生的成熟修養已然壓不住脾氣，從短兵相接的火拼戰場中，拎起隨身小包準備撤退。在他即將打開門，奪門而出的一剎那，站在原地的我，哭著對著他的背影大喊：「如果你出去……」。

然而接下來，他並沒有聽到連續劇照例都會「就不要再給我回來」之類的台詞，我的語氣突然軟了下來，繼續泣不成聲的說：「千萬要小心安全啊！」

就是這句話，讓先生意識到我是關心他的，在盛怒下仍不減掛念，他的理智被喚醒，於是走回我身邊，輕輕碰碰還在啜泣的我，重重的吐了口氣，坐進沙發裡，他說：「我服了你，我們來好好溝通吧！」

情緒斷線失控的那一剎那，全世界彷彿只剩下了自己，不是我的情緒管理能力好，或是刻意使用了什麼衝突處理的手段，而是因為當時的我想到了死亡。如果這是最後一次見面、如果這是最後一次相處，這些事還有那麼重要嗎？還有什麼事是一定過不去的呢？而現在的我又要做些什麼？於是，情緒縮小了，理智找到空隙鑽出頭來，在說出後悔莫及的話，或是做出砍了別人更傷了自己的遺憾之前，迫不及待的去圓滿，而將脫口的氣話收回，甚至願意放下任性和驕傲，主動道歉和解，看到什麼是在我們關係中真正最重要的。

正在寫下的墓誌銘

2019年初，收到人間福報的採訪大綱，令我耳目一新，因為他們居然一點都不想挖我如何從失明的掙扎中爬出來的過往，而是全然從現在的我出發，問的是：「看不見的妳怎能用色彩來代表思維？妳自己是怎麼消化情緒？參加那些冒險挑戰活動對你有什麼意義？」而我的電腦語音報讀停留在最後一個問題：「妳怎麼能寫出那麼多跟心理有關的生活感觸？」我心想這算是個問題嗎？但當想到有些同行說他只會寫學術上的分享、有讀者說我的文章特別容易被接受、學生說原本以為有距離感的心理學是這麼平易近人，結合心理與生活，好像並不是那麼理所當然！

「你希望自己留下什麼？你希望別人怎麼記得你？」想出三句代表自己的墓誌銘是成長團體中所帶領的活動，我總是很輕鬆的寫下第一、二句——「燃燒生命散發光與熱、美麗優雅有氣質」，因為想活出這美好的名字，「芯」是燭芯，由內散發，「儀」是儀態，在外表露，內外都要美，是我爺爺給我取名為芯儀的深切期許。而苦惱許久也寫不出來的第三句，終於被這靈光一現的問話打通，「知行合一的心理師」就是我想留下的，我要將所有學習到的知識，化為行動實踐的領悟、體會與改變，讓所認同的每一件事物，都融合成為生活的一部份，讓心理學不只是我的專業，而是一種落實在生命每一天的態度，就是我每時每刻都在用心書寫的墓誌銘。

從17歲老天給我一個重生的機會開始，我也就一直學著如何跟如影隨形的死亡好好相處，它就像一個督導不斷的提醒著我：妳的心是美好的嗎？現在妳走的是妳想要的嗎？這樣的妳真正快樂嗎？感謝腦瘤的始終存在，讓我活在威脅底下，卻也因此更珍惜每一天、更熱愛自己、更關注他人，更謹慎看待所跨出的每一步。

芯言心語

最後一個篇章，我刻意把死亡的主題帶進來，死亡不只是肉身消**失這麼單純，它會以分離、失戀、生病、意外等等各種形式來到我們生命中**，即使沒有親身與死亡交手，與愛我們的人，與我們愛的人，這些生離死別的椎心之痛，是我們打從出生以來，每個人都必然經歷的，不去直視死亡，只是像掩耳盜鈴，**只有承認我們每一個人都一直與它共處，包括我，也包括你和他，才有可能穿過恐懼的迷霧，而找到活著的意義。**

「把每一天都當作最後一天來活」這個想法並不實際，因為如果這是我的最後一天，我肯定會緊黏著我愛的人，不可能做出寫書的選擇；但是，至少我們可以常常思考：**如果這是我的最後一天，我還有什麼遺憾？如果這是他的最後一天，我會後悔做了或沒做這件事嗎？**

賈伯斯說：「死亡是上帝設計出最好的禮物」。你常常茫然困惑自己到底想要的是什麼嗎？那就主動找死亡當朋友吧！站在它面前，不只讓你更靠近自己真正在乎的，還會找到更有智慧的人際關係，更真心渴望的生涯。因為**面對死亡，你才能碰觸到生命中最深處的核心**。

運動健身、營養飲食、作息規律都很重要，但對我來說，能與腦瘤平安相伴20多年，更重要的關鍵是心靈的豐盛和滿足，這條路一點都不好走，有悲有喜，有挫折也有感動，但我確信，正走在對的路上，**期許自己，不是死不瞑目，而是如果死亡發生，不管在何時何處，都能衷心的感謝自己，讚美一切，臉上帶著死而無憾的微笑。**

打不破的玻璃芯 穿越逆境的20個面對

作　　者　朱芯儀
插　　畫　Talia王薇媜
社　　長　張淑貞
總 編 輯　許貝羚
美術設計　關雅云
協助編輯　李怡霖
行銷企劃　蔡瑜珊

發 行 人　何飛鵬
事業群總經理　李淑霞
出　　版　城邦文化事業股份有限公司麥浩斯出版
地　　址　104台北市民生東路二段141號8樓
電　　話　02-2500-7578
傳　　真　02-2500-1915
購書專線　0800-020-299

發　　行　英屬蓋曼群島商家庭傳媒股份有限公司城邦分公司
地　　址　104台北市民生東路二段141號2樓
電　　話　02-2500-0888
讀者服務電話　0800-020-299（9:30AM~12:00PM；01:30PM~05:00PM）
讀者服務傳真　02-2517-0999
讀這服務信箱　csc@cite.com.tw
劃撥帳號　19833516
戶　　名　英屬蓋曼群島商家庭傳媒股份有限公司城邦分公司
香港發行　城邦〈香港〉出版集團有限公司
地　　址　香港灣仔駱克道193號東超商業中心1樓
電　　話　852-2508-6231
傳　　真　852-2578-9337
Email　hkcite@biznetvigator.com
馬新發行　城邦〈馬新〉出版集團Cite(M) Sdn Bhd
地　　址　41, Jalan Radin Anum, Bandar Baru Sri Petaling,57000
Kuala Lumpur, Malaysia.
電　　話　603-9057-8822
傳　　真　603-9057-6622

製版印刷　凱林印刷事業股份有限公司
總 經 銷　聯合發行股份有限公司
地　　址　新北市新店區寶橋路235巷6弄6號2樓
電　　話　02-2917-8022
傳　　真　02-2915-6275
版　　次　初版初版 2020年6月
初版 9 刷 2023年11月
定　　價　新台幣360元 / 港幣120元

國家圖書館出版品預行編目(CIP)資料

打不破的玻璃芯：穿越逆境的20個面對 / 朱芯儀著. -- 初版. -- 臺北市：麥浩斯出版：家庭傳媒城邦分公司發行, 2020.06
面；　公分
ISBN 978-986-408-610-8(平裝)
1.心理治療 2.自我實現

178.8　　109007984

以前，我是雖有明亮雙眼，卻目中無人的孔雀公主；曾經，我是怨嘆命運宰割，失明又右耳聽障，活像砧板上的一隻聾瞎；現在，我是滿載著對萬事萬物的感恩，用溫暖與柔軟散播幸福來自不完美，平凡卻獨特的蒲公英。

感謝最會說故事的宅女創業家@藍媚為我量身打造了這個屬於我的LOGO，由愛組成的蒲公英，隨風飄散出去的每顆種子、每個互相幫助的人、每一份希望，最後組成了一顆朱芯儀的「芯」字，不斷從內散發出光與熱的蠟燭心，溫暖與柔軟這個世界，是我成為心理師的初衷，也是現代人們最需要面對逆境的柔韌力量。

諾貝爾和平獎得主德雷莎修女說：「當你帶著愛做每一件事，每一件事都是大事。」帶著愛，播種、耕耘、收割，諮商、授課、學習，點點滴滴的微不足道，只要帶著愛，都能為外在或內心黑暗的角落點亮希望，衷心祝福每一顆願意彼此成全的心，如蒲公英般溫暖、柔軟的飄向生命的每個角落。

文：朱芯儀 Julia 心理師

設計：@聽宅女創業家藍媚說故事